これだけは
知っておきたい

年中行事の常識67

起源・いわれ
習わし・風俗

長沢ヒロ子 [編著]

まえがき

　日本列島には四季があります。その上、南北に細長く自然や文化が実に多彩で豊かです。その豊かさが立体感をもって現れるのが、年中行事と祭礼です。

　春は花が咲き、実を結ぶことを祈る祭りです。家々でも餅や餅花、榊や松の小枝を飾り、神さまを歓迎して豊作の前祝いをします。

　夏は水の祭りです。海や川から先祖霊を迎えます。この時、行き場のない妖しげな霊や、悪い病気を流行らせる厄神も一緒にやって来るので退散させなければなりません。一緒に来るわけですから、お引き取りいただくのも祖霊と一緒です。湿っぽくならずに、にぎにぎしく送り出します。

　秋は収穫感謝祭です。「花鳥風月」という言葉が、とりわけ身に沿う季節ですが、例えば月見にしても、余興や鑑賞や風流という以上に、月の霊の訪れを待つ祭りなのです。

　冬は、火を焚き、夜通しの神楽で神さまをもてなします。喜んだ神さまに疫を祓ってもらい、次なる季節が順調に巡りくることを約束してもらいます。

　本書では、これらの伝統行事と祭礼を中心に、現代の行事、記念日、外国の行事も取り上げ、イラストを用いてやさしく解説しました。理解の助けとなるよう、暦や方位の項目も設け、多くの昔話・伝説にも触れています。

　本書の冠婚葬祭の項目で「年中行事とは、季節の巡りに従って展開された暮らしの図式である」としました。読者の方々には、できれば、正月から順番に読み進めていただくよう願っています。必ずや、なるほど、との実感が得られると思います。

　最後に、企画段階から三年余の時間を見守っていただいた一藝社の小野道子社長、時に休日返上で編集作業を進めていただいた企画・編集部の藤井千津子さんに厚く御礼を申します。

2018年10月吉日

　　　　　　　　　　　　　　　　　　　編著者　長沢ヒロ子

もくじ

まえがき 3

① 1月〜3月

1 正月　迎える心と形●1月1日〜7日　8
2 初夢・書き初め　1年の計は「2日」にあり●1月2日　10
3 初詣・年賀状の歴史　年始回りから国民的行事へ●1月1日〜7日　12
4 歌留多　声に出して読めばわかる百人一首　14
5 七草　若菜を食べて清明の気を受ける●1月7日　16
6 鏡開き　餅は神様のお下がり品●1月11日　18
7 旧暦と新暦　行事の理解のために①　20
8 小正月　庶民の暮らしから生まれた正月●1月13日〜15日　22
9 二十四節気と雑節　行事の理解のために②　24
10 節分　鬼追いは福呼び●2月3日ころ、立春の前日　26
11 初午　お稲荷さんは現世御利益の最高神●2月最初の午の日　28
12 建国記念の日　日本と日本文化を考える機会に●2月11日　30
13 艮と乾　行事の理解のために③　32
14 バレンタイン・デー　愛の伝え方●2月14日　34
15 雛祭り　桃の節句●3月3日　36
16 東大寺お水取り　春を呼ぶ聖水●3月13日　38
17 涅槃会　仏の別れ●3月15日　40
18 お彼岸　春秋2回の先祖供養●3月18日〜23日ころ／9月20日〜27日ころ　42
19 花見　春の訪れを皆で楽しむ●3月下旬〜4月上旬　44
20 イースター　キリストの復活と春の再生を祝う●春分後の満月後最初の日曜日　46

◆もくじ

② 4月〜6月

21 エイプリルフール　道化が演じる「逆さま世界」の寓喩●4月1日　*48*

22 鎮花祭（はなしずめのまつり）　「やすらい花や」と、散る花を惜しむ●4月上旬　*50*

23 卯月八日（うづきようか）と灌仏会（かんぶつえ）　めでたきことに寺詣●4月8日　*52*

24 日吉山王祭（ひえさんのうさい）　「7年見ざればことごとく見尽くし難し」●4月12日〜15日　*54*

25 母の日・父の日　敬いと絆と●5月第2日曜日／6月第3日曜日　*56*

26 八十八夜（はちじゅうはちや）　国産初の暦の誕生●5月2日ころ　*58*

27 端午（たんご）の節句　菖蒲（しょうぶ）の節句●5月5日　*60*

28 田植えと女性と菖蒲（しょうぶ）　「苗の植え初め、稲つる姫に参らしょう」　*62*

29 當麻寺練供養（たいまでらねりくよう）　極楽往生の野外宗教劇●5月14日　*64*

30 葵祭（あおいまつり）　「葵かずらの冠（かんむり）して」●5月15日　*66*

31 神田祭（かんだまつり）　江戸っ子の誇り「天下祭」●5月12日〜15日　*68*

32 三社祭（さんじゃまつり）　海から上がった観音様●5月18日に近い金曜〜日曜の3日間　*70*

33 曽我の傘焼（そがのかさやき）　東国一の御霊神（ごりょうじん）を祀る日●5月28日　*72*

34 更衣（ころもがえ）　心と体のために暮らしに目盛を●6月1日　*74*

35 氷の朔日（ついたち）　「蛇と蚊の出るは駒込の六月」●6月1日　*76*

36 鞍馬（くらま）の竹伐（たけきり）　山伏の験競べ●6月20日　*78*

37 夏越（なごし）（の祓（はらえ））　「みそぎぞ夏のしるしなりける」●6月晦日（みそか）　*80*

③ 7月〜9月

38 七夕　星に願いを●7月7日　*82*

39 七夕の雨、七夕の水　「たとえ三粒でも降るがよい」雨を乞う習わし　*84*

40 土用の丑（うし）　鰻養生は万葉の昔から●7月20日〜8月7日ころ　*86*

41 お盆　亡き人を迎える心と形●7月13日〜15日／8月13日〜15日　*88*

42 盆踊りと送り盆　お精霊（しょうらい）さんとの過ごし方●7月15日／8月15日　*90*

43 祇園祭（ぎおんまつり）　祇園（天王）さんは最強の祓神（はらえがみ）●7月中　*92*

5

44 原爆の日　「ノーモアヒロシマ・ノーモアヒバクシャ」●8月6日/9日　*94*

45 ねぶた、竿灯　これも七夕行事●8月上旬　*96*

46 終戦記念日　「戦没者を追悼し平和を祈念する日」●8月15日　*98*

47 地蔵盆　地蔵と子ども●8月23日〜24日　*100*

48 重陽　菊の節句●9月9日　*102*

49 放生会　殺生の戒め●9月15日　*104*

50 敬老の日　老人を敬愛し、長寿を祝う●9月第3月曜日　*106*

51 月見　月を愛で収穫に感謝を●旧暦8月の十五夜　*108*

④ 10月〜12月

52 後の月　さまざまな月を祝う●旧暦9月の十三夜　*110*

53 長崎、唐津おくんち　おくんちは「お九日」●10月7日〜9日/11月2日〜4日　*112*

54 神無月　神の留守●旧暦10月　*114*

55 亥の子　ぼた餅の来る日●旧暦10月初めの亥の日　*116*

56 ハロウィーン　古代ケルト人の収穫祭？●10月31日　*118*

57 酉の市　酉の市とはどんな市●11月中の酉の日　*120*

58 文化の日　明治節から「自由と平和を愛し、文化を勧める」日へ●11月3日　*122*

59 七五三　子どもなりの節目を祝う●11月上中旬　*124*

60 冠婚葬祭　行事の理解のために④　*126*

61 勤労感謝の日　「新嘗祭」の伝統●11月23日　*128*

62 神楽月　火の祭の月●旧暦11月　*130*

63 事八日　家に一つ目小僧がやって来る●12月と2月の8日の晩　*132*

64 冬至　一陽来復の日●12月22日〜23日ころ　*134*

65 クリスマス　幸せをもたらすものに祈りを●12月25日　*136*

66 大晦日　新年は大晦日の晩から●12月31日　*138*

67 行事と昔話　今は昔　昔は今　*140*

　索引　*142*

　執筆者紹介　*144*

これだけは知っておきたい

年中行事の常識67

起源・いわれ
習わし・風俗

長沢ヒロ子［編著］

一藝社

1 正月

迎える心と形 ●1月1日～7日

正月には必ず鏡餅を飾ります。家によっては、玄関や神棚に注連縄を張ったり、門に左右一対の松、扉に輪飾りを付けたりしています。会社、官公庁、大型店舗では立派な門松を立てているところが多く見られます。成田山新勝寺の大注連縄の飾り付けは、すす払いとともに、年末の風物詩になっています。正月と鏡餅や松、そして注連縄などはどのような関係があるのでしょうか。行わなければならないことなのでしょうか。

起源・いわれ

門松・注連縄・鏡餅などを正月飾りと言います。正月飾りは、年の始めにいろいろな力を招き寄せようとする装置です。この力を持っているとされるのは、年神と呼ばれる神です。年神は先祖の霊だとも考えられており、1年に2回、盆と正月に帰って来ると信じられています。正月飾りは、年神を迎えるために用意する品々であり、それぞれに役割があります。

門松は年神を迎えるための依代です。依代となる樹木は松とは限らず、榊や椿、樫など、冬でも枯れずに緑を保つ樹木が用いられてきました。平安時代の終わりころから、神を待つという意味で松が使われ始めました。鏡餅は迎えた年神の居場所であり、また、年神から与えられる新しい魂（年玉）を形に表したものです。注連縄は、縄を張ることでそこが清らかな区域であることを示します。文字通り縄張りです。元は1本の縄でしたが、次第に多様化し、現在は、宝船を模したものや福俵、縄の両端を結んだ輪飾りなどがあります。

注連縄

習わし・風俗

◆門松

飾り付けは12月26、27、28日の3日の間に行います。29日は、9が「苦」に通じることから、31日は「一夜飾り（誠意がない）」と言って行わないようにしています。最近は、輪飾りや紙垂を付けた家庭用の門松が市販されています。手作りしたければ松を2本購入します。半紙を半分に切ったものをさらに半分に折り、枝の中間あたりに巻き、紅白の水引で蝶結びにします。

くるように、玄関の扉の上方や神棚に結びます。紙垂は稲穂をかたどるものといわれ、年神へのささげものです。紙垂の他、裏白、譲葉などの植物、橙、伊勢海老や昆布などの食品を飾ることも行われています。これは、豊富な食品や、稲作のシンボルとしての植物を飾ることで、1年がこのようであってほしいと、年神から約束を得ようとする意味があります。

◆鏡餅・注連縄

鏡餅は三方かお盆や半紙の上に置き、橙か蜜柑を乗せ、神棚、床の間、居間、食卓など、それぞれの家庭の大事な場所に飾ります。橙は、1度実が成ると4〜5年は落果しないことから、めでたい果樹とされています。

注連縄は、向かって右に太い方が

鏡餅

> **コラム**
>
> 【松納め・松の内・松明け】　正月飾りを取り払うことを松納めと言います。松納めは14〜15日に行っていましたが、寛文2（1662）年の法令で、7日の朝にはずすことになりました（喜多川守貞『守貞謾稿』貝原益軒『日本歳時記』）。現在も7日が一般的です。元日から松納めまでの期間を、松の内と言い、8日以降を松明けと言っています。以前は、取り払った飾りは、小正月のどんど焼きでお焚きあげしてもらいました。

２ 初夢・書き初め
1年の計は「2日」にあり●1月2日

　元日は掃除をしないものだと言われます。あるいは、朝の内だけは箒(ほうき)を使わないようにしている家庭が多いようです。そして、新年初めて掃除をするのは2日とされています。2日に見る夢が初夢だと言います。以前には良い初夢を見るためのおまじないがありました。
　日本武道館では、この日に書初め大会が行われてきました（現在は5日に行われています）。「はじめ」と言いながら、なぜ2日なのでしょうか。

起源・いわれ

　2日を新年初めて仕事や作業をする日とするのは、元日が仕事を休んで年神をもてなす日だからです。働いていることは、年神をお祭りするのを怠っていることになります。この日休まず1人だけ働いていれば、以前は、「怠け者の節句働き」とからかわれました。そこで、2日を始業の式日に充て、いつでも仕事に取り掛かれるようにしてきました。2日の夜に見る夢を初夢とするのも、これに倣(なら)ったものです。昔の人にとって夢は、神仏のお告げと信じられ、まじないによって対処できるものと考えられていました。そこで、良い初夢が見られるように、宝物や七福神を乗せた船のお札を枕の下に敷き、唱えごとをしてから寝る行事が生まれました。

書初め

　書初めは、平安時代の宮中で行われていた、吉書始(きっしょ)め、という儀式に由来します。これは、新年初めて天皇が文書をご覧になる儀式です。後に、吉書、という名称で暦に記されるようになりました。この伝統が江戸時代の寺子屋に受け継がれ、書初めとして広まりました。

習わし・風俗

◆宝船

めでたい初夢を見るために枕の下に敷いたお札を宝船と呼んでいました。この風習は室町時代から行われています。東京では七福神が乗っている図柄が多く、絵の上部に「長き世のとおの眠りの皆めざめ波乗り舟の音のよきかな」という歌が記してあります。この歌を3度唱えて寝ると、幸運が訪れると言われてきました。以前には多くの神社で頒布していましたが、廃止する所が増え、入手しにくくなっています。東京では新宿区須賀町の須賀神社、文京区湯島の妻恋神社で授与しています。

宝船

◆縁起の良い夢

縁起の良い夢として「一富士、二鷹、三なすび」と言います。これは徳川家康の出身地の駿府の名物と好物を並べたものです。御神君といわれた家康にあやかって、人々が出世を願う気持ちの表れです。異説には「一に富士、二に鷹の羽のぶっちがい（赤穂藩の浅野内匠頭の家紋）、三に名をなす伊賀の上野に」という歌の省略形ともされます。それぞれ曽我兄弟の富士の裾野の仇討、赤穂浪士の仇討、荒木又右衛門の伊賀越えの仇討を言っています。

> **コラム**
>
> 【書初め大会】 皇居北の丸公園にある日本武道館では、毎年5日に「書初め席書大会」が開催されています。昭和40年の第1回以来50余年の歴史のある大会です。定められた24分間という時間に、指定された用紙2枚にお手本なしで課題を書き上げ、そのうち1枚を提出するという方式は、この大会特有のものです。

3 初詣・年賀状の歴史

年始回りから国民的行事へ ● 1月1日〜7日

> 正月といえば初詣、年賀状です。初詣は有名な寺社へ参るのが人気となっています。2018年の発表による全国の参拝客数は、1位が東京の明治神宮318万人、2位が千葉県の成田山新勝寺311万人、3位が神奈川の川崎大師308万人だといいます。
> 一方、年賀状の人気はやや下降気味のようです。最近では郵便局が「年賀状を出しましょう」というテレビコマーシャルを行っています。初詣も年賀状も日本古来の伝統行事のように思われていますが、いつ頃始まったのでしょうか。

起源・いわれ

初詣は、大晦日の夕方から元旦にかけて、その土地の守護神である産土神(うぶすながみ)の社(やしろ)で、寝ずに過ごした年籠りという習慣が原型です。年籠りは次第に簡略化し、夜が更けてから参詣し、除夜の鐘を聞いて帰る風習となり、明治期以降、東京、京阪の都市部から、元日か2日に詣でる習慣が広まっていきました。

年賀は年の始めの挨拶という意味です。年礼(ねんれい)ともいいます。これを手紙にしたものが年賀状です。庶民の年賀状の原型は、江戸時代の年礼回りに遡ります。2日か3日から15日までに、親戚、知人、近隣を訪問しましたが、生活圏が広がるにつれて簡略化され、玄関での挨拶や記帳、名札を置いて帰る習慣に変わりました。明治6(1873)年に郵便はがきが発売されると、年賀のはがきを出すのが広まりました。始めは正月になってから投函していましたが、明治32(1899)年、年賀郵便特別取扱いが始まり、年末の特定期間に投函すれば正月に配達する現行システムが確定しました。

初詣　二拝二拍手一拝

習わし・風俗

◆恵方参り

江戸時代の中頃から江戸、京阪の都市部では恵方参りと七福神めぐりが行われていました。恵方は、平安時代、陰陽五行説で言われ出したものですが、江戸時代になると、それらの知識が都市部に広まり、恵方の神と年神とを同じ神と見做し始め、恵方にある社寺に参詣することが流行しました。早朝に出かけお札を受け、初日の出を拝んで帰ることが大正初期頃まで行われていました。この風習が廃れて、氏神、また商売をしている人なら稲荷社、習い事をしているのであれば天神社や弁財天、あるいは有名社寺などと、思い思いに詣でる人が多くなりました。

◆賀詞を添えて

年賀状は年始回りの省略形です。早めに準備して元旦に届くよう心がけましょう。昔から年賀状には必ず、「おめでとう」とか「頌春」とか「献壽」などという賀詞（祝う言葉）を書いてきました。これは、めでたい言葉を贈ることによって、めでたさを招きよせようとする行為です。年賀状本来の意味からは賀詞を添えることが理に適っています。出し忘れたり、仕事の都合で年を越した場合は、松の内までに出すようにします。それを過ぎた場合は、寒中見舞いの名目で発送することになります。因みに寒中見舞いは小寒から立春の間に届くようにします。

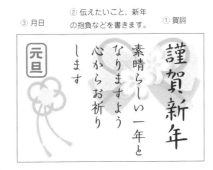

年賀状の構成

> **コラム**
> 【礼者・女礼者】　日常会話ではもう使わなくなっている言葉に、「礼者」「女礼者」があります。礼者は新年の挨拶に回る人、女性の場合が女礼者です。訪問先が多い場合や、家にあがるのは失礼にあたる場合など、玄関先で挨拶して去ることを「門礼」と言っていました。女性の新年の挨拶は1月4日に始まり、小正月を経て、3月の雛の節句まで良いとされていました。1月15日を女性の年始日とすることから、小正月を女正月とも言っていました。

④ 歌留多(かるた)
声に出して読めばわかる百人一首

絶滅という言葉があります。国語辞典には「そのものが地球上から姿を消すこと」とあります。正月の風物に限ってみると、家庭での百人一首かるたなどは、絶滅危惧種になりそうです。国語の授業でだけ、という人が大多数のようです。

落語の「千早ふる」では、歌の解釈をめぐって、横丁の熊さんとご隠居さんとが珍妙なやりとりを交わします。百人百首の歌に百のテンポとリズムがあってこそのことです。七五調が生み出す面白さに触れてみませんか。

起源・いわれ

百人一首は藤原定家(1162〜1241年)が、飛鳥時代から鎌倉時代初期までの代表的な歌人から100人を選び、それぞれの代表作を1首ずつ計100首の歌を集めた秀歌集です。定家の山荘のあった地名、小倉に因み、小倉百人一首と呼ばれています。

百人一首かるた

1首を上の句と下の句に2分して、それを組み合わせるという遊び方には、平安時代に宮廷の人々の間で行われていた貝合わせの影響がありました。蛤(はまぐり)の貝殻を地貝(じがい)と出貝(だしがい)の両片に分け、地貝のすべてを甲を上にして並べ、出貝を一つずつ出し、これと合う地貝を多く取った者を勝ちとする遊びです。後に貝に絵または歌の上の句、下の句を書きこみました。この遊びとポルトガルから輸入された、カルタ(ポルトガル語でcarta、英語のカードに当たる。トランプの前身)の形態を組み合わせ、さらに百人一首を取り入れて、歌がるたを作りました。元禄年間、京都で木版刷りのものが売り出され、これ以降庶民の間に広まりました。

習わし・風俗

◆ちらし

読み手は、読み札の上の句（下線部分）に節をつけて「秋の田の　かりほの庵の苫をあらみ　わが衣手は露にぬれつつ」と読み上げます（5秒台）。取り手は、床にまいてある札の中から、読み上げられた歌の下の句（太字部分）が書かれてある札を見つけて取ります。読み手は、下の句を読み上げてから、次の札の上の句に移ります。

◆源平

二組に分かれ、50枚ずつを持ち札として、早く自分たちの札を取ってしまった方が勝ちです。相手の方の札を取ると、自分の方の札を相手へ1枚譲ります。相手が間違って手を付けた場合は、お手付きといって罰を受け、札をもらうことになります。自分の方のお手付きは関係ありません。

かるた取り

◆競技かるた

競技かるたは、明治37（1904）年、日本橋で第1回の全国大会が開催されました。現在は全日本かるた協会の主催で、名人戦、クィーン戦、全日本選手権などが行われています。また、滋賀県大津市の近江神宮では、祭神の天智天皇（百人一首一番歌→〔ちらし〕掲出歌の作者といわれている）に因んで、盛大な競技会が催されています。

コラム

【恋の百人一首】　百人一首中、恋歌は43首、恋歌として十分通用する歌も入れれば70首以上になります。尾崎紅葉の小説『金色夜叉』に、主人公の男女の出会いの場をかるた会としているのは有名です。かるた会は俳句にも盛んに詠まれています。どの句からも艶めいた正月の華やぎが伝わります。
　座を挙げて恋ほのめくや歌かるた（高浜虚子）。歌留多読む息づき若き兄の嫁（村上占魚）。かるた取る皆負けまじく美しく（星野立子）。相ともに昔恋しきかるたかな（高浜年尾）。

七草(ななくさ)

若菜を食べて清明の気を受ける ●1月7日

1月5日頃になると、スーパーマーケットには、きれいにパックされた「七草セット」が並びます。テレビの情報番組からは「明日は七草です」との声が聞かれます。「七草粥(かゆ)」の作りかたが紹介されたりもします。7日には多くの人たちがもう仕事を始めています。7日は正月飾りを取り外す日でもあります。そのような日に行事を行うのはなぜなのでしょうか。

起源・いわれ

古代から平安時代にかけて、新春の野に出て若菜を摘み、羹(あつもの)(菜汁)として食べる風習がありました。宮中では天皇が15日に、七種の穀物(米・粟(きび)・黍(ひえ)・稗(みの)・蓑・胡麻(ごま)・小豆(あずき))で作った粥(かゆ)を召しあがる行事が行われていました。若菜摘みは宮廷の行事として採用され、次第に7日の行事となり、七穀粥も七草粥へと変わってきました。

7日を祝ったのは、この日が新年初めての朔日(さくじつ)(月の見えない日)と望(もち)の日(満月)との中間にあたるからでした。1月1日を年の始めとするのは中国に倣ったものですが、それ以前には、正月15日を年の変わり目として祭を行っていました。この開始期が7日でした。しかし、元日を年初とする制度が浸透すると、7日は正月が終わる日と扱われるようになり、15日の正月の始まる日という意味は薄れていったのです。

春の七草

習わし・風俗

◆七草叩き

七草は、せり、なずな、ごぎょう、はこべら、ほとけのざ、すずな(かぶ)、すずしろ(大根)の7種です。江戸時代には、6日の夜、「七草囃子」という唱えごとをしながら、七草をまな板の上で叩く風習が生まれました。七草囃子は「七草なずな　唐土の鳥が日本の土地に、渡らぬ先に　七草叩くストトントン」などと唄います。年の初めに作物の害敵となる鳥を追い祓って、豊作を呼び寄せようとする意味があります。

◆夜干し・夜爪

七草囃子の唐土の鳥は、子どもをさらう中国の伝説上の妖鳥「鬼車鳥」だと言われていました。この鳥の血が子どもの着物に付くと夜泣きや引付けの発作が起きるという言い伝えから、子どもの着物の夜干しはタブーとされていました。また、この鳥は夜でも目が見え、人の捨てた爪を食べるために近寄ってくるので、夜爪は切らないものだと言われてきました。

◆七日爪

この日は新年初めて爪を切る日と言われてきました。七草を浸した水に爪をしめらせてから切ると鬼車鳥除けになると言われていました。今では風邪除けになるとされています。「七日爪」とか「なずな爪」という風習です。

七日爪

> **コラム**
> 【若菜摘む乙女】　『万葉集』巻一、冒頭歌は雄略天皇の作とされる求婚の歌です。天皇は「籠もよ　み籠持ち　ふくしもよ　みぶくし持ち　この岡に菜摘ます児(よい籠とへらを持って、若菜を摘んでいる乙女よ)」と呼びかけます。そして、家をお教えなさいな、名を名告りなさいな、と尋ねます。当時、女性に家や名前を聞くことは求婚の意思の表明でした。家と名を明かすことは承諾のしるしでした。早春の若菜摘みは、出会いと結婚の機会でもありました。

6 鏡開き（かがみびらき）

餅は神様のお下がり品●1月11日

11日には、お供えしていた鏡餅を煮たり焼いたりして食べます。柔剣道の道場などでは汁粉にして門弟に振る舞います。正月用についた餅は10日も経てば固くなります。つき立てのおいしい餅ではなく、わざわざ固くなった餅を食べるのは理に適（かな）わないような気もします。また、固い餅を叩いて割るのですから「割る」と言って構わない気がします。しかし「開き」と言います。どのような歴史のある行事なのでしょうか。

起源・いわれ

平安時代の宮中や貴族の間では、元日に歯固めという行事が行われていました。固いものを食べることによって、歯の根を固めて生命力を増進しようとする行事でした。歯固めの具は、鏡餅、大根、瓜、押し鮎、猪肉、鹿肉、塩あわびなどでした。

中国の元日の行事に固い飴（あめ）を食べる風習があり、これに倣ったという説もあります。

民間では15日正月（小正月）の終わりの20日を正月終（じま）いとして、鏡餅や年肴（としざかな）を食べ尽くす習わしがありました。しかし、徳川3代将軍家光の忌日（きじつ）と重なるため、17世紀中頃以降は、商家の蔵開きや節（せち）振る舞いに合わせて11日に行うようになりました。節振る舞いというのは、近親者が一家の主人や高齢者の長命を祝う集まりでした。

鏡餅は年神の依代（よりしろ）であり、稲魂が宿っています。これを食べることは魂の力を心身に補充することになります。そのため刃物を入れるという行為を不吉なこととして忌み、切らずに手で叩く、割るなどします。また、割るという言葉を嫌い、開くというめでたい言葉が使われます。

武家の鏡開き
斧（おの）、槌（つち）、手で砕く

習わし・風俗

◆鏡餅は食べ尽くすことが作法

　鏡餅は、さらしやふきんに包んでまな板に乗せ、木槌や肉叩き等で叩きます。カビがあれば焼酎等のアルコールでふき取るか、おろし金で削り取ります。汁粉、雑煮等にして食べます。残った場合は、水につけておき、水餅として保存します。餅の表面がほとびる（ふやける）ので、容器の水は数日ごとに変えます。

◆お汁粉の作り方

[材料4人分]

小豆（乾燥）1カップ／水（ゆでこぼし用）3カップ／水（ゆであげ用）5カップ／砂糖　70～100g／塩　少々

① 小豆はよく洗い笊にあげ水気を切る。② 鍋に小豆と水3カップを入れ、ふたせず強火にかける。③ 沸騰したら笊にあげて茹で汁を捨てる。④ 鍋に③の小豆を戻し入れ、水5カップを入れ、ふたをせず中火にかける。⑤ ④の小豆が湯の中で踊り始めたら、弱火にし、紙ぶたをして、40分程度煮る。⑥ 小豆ひと粒を手でつぶし、軟らかくなっていたら、砂糖を加えてまぜ、汁がとろりとしてきたら、焼いた餅を加える。

汁粉振る舞い

> **コラム**
>
> 　【歯固め・氷餅】　餅を保存しておいて6月1日に食べることが、かつては全国的に行われていました。この行事を歯固めと言い、この餅を氷餅と呼んでいました。宮中で、6月1日に氷室の氷が群臣たちに分け与えられていたという古例から、民間でもこの日、氷の代わりに氷餅を祝いました。そこから、この日を氷の朔日と言っていました。
>
> 　6月1日をキヌヌギツイタチ、ムケノツイタチ、マタノ正月と呼んできた地方があります。6月1日は四季の推移の中で特異点として意識された日でした。

旧暦と新暦

行事の理解のために①

年賀状に「初春」「賀春」などと、春の文字を入れます。しかし、実感としては冬の最中です。実際、正月3カ日はまだ小寒に入る前で、その後小寒、大寒へ移ります。小寒から立春の間に届くようにしているものに寒中見舞いがあります。寒中見舞い状には、「寒さ厳しき折」などと書きます。春を祝ったあとでいちばん寒い季節に入り、立春を迎えているわけです。おかしいと感じたことはありませんか。

起源・いわれ

現在、日本も含めて世界で使われている暦は、太陽の運行をもとにした太陽暦です。日本での採用は明治5（1872）年12月3日でした。太陽暦を新暦といい、それ以前の暦を旧暦と呼びます。旧暦は、太陽の動きで季節と1年を決め、月の満ち欠けでひと月を決める折衷型暦です。この暦は月の始めと終わりは新月（月は見えない）、15日は満月とわかりやすいのですが、1太陽年数（365・24日）と月の満ち欠けのひと月（約29.5日×12カ月＝360日弱）、とは大きなずれがあります。このずれを調整するために、いくつかの工夫がなされました。その一つに24節気がありました。太陽の動きに合わせて作った24節気を取り入れて、立春、立夏、立秋、立冬などを配置したのです。

十六夜（いざよい）
居待月（いまちづき）
下弦月（かげんのつき）
有明月（ありあけのつき）
※下弦の月以降、夜が明けても空に見える月
二十六夜（にじゅうろくや）
晦（つごもり・30日月隠り）

そして、立春を年の初めと定めました。この制度を採り入れた日本でも立春を年替わりとして祝ってきました。旧暦から新暦への移行は、明治5年12月3日を同6年1月1日とすることで始まりました。つまり、初春であり、年替わりであった立春よりも約1カ月前に正月を迎えることになったのです。

習わし・風俗

◆月遅れ

　正月をずらしてしまったために、他の行事も新暦へ移さざるを得ませんでした。その結果、行事と生活・季節感とが一致しないということになってしまったのです。そこで工夫されたのが、月遅れという方法でした。その1例がお盆です。お盆は、旧暦では秋の行事であり、7月15日と決まっていました。しかし、新暦の7月15日は梅雨空で、月の下での盆踊りなど味わえたものではありません。そのため、多くの地方でひと月遅らせて8月15日に行うことにしたのです。

◆旧暦で行う月見

　どうしても新暦へ移せなかった行事があります。旧暦8月15日の「十五夜」と9月13日の「十三夜」です。旧暦では、毎日と月齢（月の形）は、ほぼ一致していました。その日の月を見れば、何日なのか分かりました。ところが、新暦は月のリズムは顧慮されていない暦ですから、15日が満月になるかどうかはわからないのです。そのため、十五夜の月見と、後の月の十三夜とは旧暦で行われています。

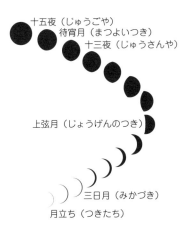

十五夜（じゅうごや）
待宵月（まつよいつき）
十三夜（じゅうさんや）
上弦月（じょうげんのつき）
三日月（みかづき）
月立ち（つきたち）

旧暦の1カ月と、日々の月の満ち欠け

> **コラム**
>
> 【お家の事情】　明治5年11月9日、太陽暦採用の詔書（しょうしょ）が発布され、その年の12月3日を明治6年1月1日とすることになりました。明治5年の12月は2日間で終わってしまったわけです。
>
> 　なぜこうも改暦を急いだのか、最有力説は、お金です。明治6年は閏年でした。役人に13カ月分の給料を払わなければなりません。これは財政の苦しい新政府には大きな痛手です。そこで急遽、太陽暦を採用したのだと言います。

8 小正月
こしょうがつ
庶民の暮らしから生まれた正月●1月13日～15日

> 1月15日前後の商店街や飲食店で、木やプラスチックの枝に、赤と白のピンポン玉のようなものが付いた飾り物を見たことはありませんか。歌舞伎や文楽の演じられる劇場では、ロビーにも劇場の中にも、この飾りがひしめいています。本物は米の粉を練って作る団子です。餅花（もちばな）と言います。15日を中心とする小正月の飾り物です。7日までの正月飾りとは違った素朴さが感じられます。小正月とはどのような行事なのでしょうか。

起源・いわれ

　元日を祝うのは現代では当たり前のことですが、これは平安時代に宮廷が中国に倣（なら）って始めたものです。しかし実はそれ以前から、稲作を中心とする庶民の暮らしは、満月から満月までをひと月とするものでした。小正月はその名残りで、15日を年の始めとする習わしでした。

　その後、元日から始まる正月は、次第に庶民にも浸透し、明治以後も、公的な機関や学校は祝典を行ってきました。しかし、多くの農村では15日を自分たちの正月として餅をつき、穀類や繭を形どった飾りを作り、田植えなど耕作の模擬をして、今年も豊作であるようにと祈ってきました。また、村の人間が年神（としがみ）に扮装して家々を祝福してまわったり、子どもたちは田畑の害敵となる鳥やもぐらを追い祓（はら）う、まじないを行ってきました。

　そのため、元日を大正月、15日を小正月と言い分けて、どちらも行い、地域や職業等によってどちらかを重んじてきたのです。

どんど焼き

習わし・風俗

◆ 餅花・小豆粥(あずきがゆ)

柳や水木(みずき)、榎(えのき)の枝に小さく丸めた餅を付けて、神棚に供えたり室内に飾ったりします。養蚕の盛んだった地方では、餅か米の粉団子を繭の形にして枝に付けました。繭玉(まゆだま)と呼びます。餅や団子は1月20日に食べます。この日が小正月の終了日とされています。

15日には小豆粥を食べます。小豆の赤色には病気や災害を祓(はら)う力があると信じられ、慶事にも凶事にも使われています。また、解熱、抗炎症、利尿、便秘防止など、いくつもの薬効があります。15日に食べる（旧暦では、15日は満月＝望月）ことから「望粥」、粥が小豆に染まることから「桜粥」とも「染粥」とも呼ばれています。

◆ どんど焼(や)き

餅花

14日の晩か15日の朝には、正月飾りを焼く「どんど焼き」が行われていました。この火に乗って年神が帰ると言われ、この火で書初めを燃やし、燃えさしが高くあがれば習字が上達するとされてきました。近年は、休日の移動等の理由から松の内に行ってしまう所が増えているようです。伝統を絶やすまいとする努力が続けられ、伝承の場を社会教育や地域観光の場へと移している例も見られます。東京都台東区の鳥越神社は、都内で唯一どんど焼きを伝承しています。神奈川県大磯町の海岸で行われるものは、規模も大きく有名です。

> **コラム**
>
> 【かまくらは鳥追い小屋】 鳥追い、もぐら追いには、家ごとに行うものと、村の行事として子どもたちが行うものとがあります。子どもたちは鳥追い小屋を作って籠り、飲食をし、鳥追い歌を歌います。雪の多い地方では、鳥追い小屋を雪で作ります。これを新潟県では「雪ン堂」と言い秋田県では「かまくら」と呼んでいます。かまくらで有名なのは、秋田県横手地方です。月遅れの小正月（2月15日前後）に行われています。

二十四節気と雑節
行事の理解のために②

　年中行事は毎年同じ日に行われます。外国から入ってきた行事にしても、外国の偉人をお祭りする行事でも、○月△日と決まっていてわかりやすい。ところが、節分、土用の丑の日、彼岸、冬至などのように、年によって行事日が1〜2日移動するものがあります。中には半夏生、二百十日などのように、言葉は聞いたことがあっても、正確な意味となるとよくわからないという日もあります。それぞれどのような意味のある日なのでしょうか。

起源・いわれ

　行事日が年によって1〜2日ずれる行事は、二十四節気や雑節に含まれるものです。これらは太陽の動きから計算されます。

　中国では紀元前の頃から天文学が発達し、太陽や星の観測が行われていました。この観測によって、まず冬至と夏至がつきとめられ、冬至と夏至の中間にあって、昼夜の時間が等しくなる日を春分、秋分と名付けました。そして、その4等分した時間分けのそれぞれの中間に、立春、立夏、立秋、立冬を置いて季節の変化を示しました。これが四季です。四季をさらに初・仲・晩と3等分し、それぞれを前半、後半に分け、およそ15日で1時候を表したのが二十四節気です。15日ごとに節が移り変わっていくため、季節の変化がつかめます。

　ただ、中国と日本とではすべて同じというわけにはいきません。そこで二十四節気をもとにさらに詳しい区切りを設けて、生活や農作業の目安としてきました。これが雑節です。

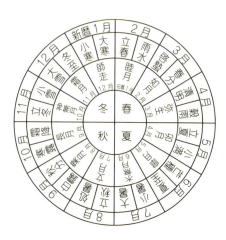

二十四節気　季節の変化がつかめる

習わし・風俗

◆半夏生

　雑節は、節分、彼岸、土用、八十八夜、入梅、半夏生、二百十日の七つです。

　半夏生(はんげしょう)は夏至から数えて11日目とされています。だいたい7月2日頃にあたり、農家ではこの日までに田植えを終えるべきだとして、この日は田の神を祭る日とされています。「半夏半作」と言って、この日までに田植えを終了しないと、十分な収穫がえられないという心得を示す諺(ことわざ)や、この日に田に入ると天から毒が降る、また、この日には決まった食物を摂るなど、もとは厳しい物忌(ものい)みの守られた日であったことを伝えています。

◆二百十日

　二百十日は立春を起算日として210日目を言います。台風が襲来する時期を告げ、農作物への注意を喚起する役目を果たしています。9月1〜2日頃にあたり、風の災害に悩まされる地方では、厄日とか荒れ日として、風祭(かぜまつり)を行ってきました。富山市八尾町の「おわら風の盆」が有名です。田植えや刈り入れの様子、かかしの姿を写した踊りを、囃子(はやし)とともに風の神に捧げ、災いがもたらされないよう祈願する祭です。

おわら風の盆

> **コラム**
> 【半夏と半夏生】　雑節の半夏生は、半夏という植物（サトイモ科、烏柄杓(からすびしゃく)）が生える時期という意味で、季節の目安となる雑節に採り入れられました。福井県大野市では、半夏生に鯖(さば)を食べます。香川県ではうどん、また関西では、タコを食べる地方があり、それぞれうどんの日、タコの日としています。半夏生の頃、半夏生という植物（ドクダミ科）が小花を咲かせます。この時葉の数枚が白く化粧したように変わることから、半化粧、片白草の別名があります。

節分

鬼追いは福呼び●2月3日ころ、立春の前日

節分といえば豆まきです。全国的に「鬼は外、福は内」の掛け声で、豆をまきます。家では、父親が鬼を演じて豆まきをしたり、小学校では5年生の年男・年女を中心に豆まきの行事が行われたりします。神社仏閣と幼稚園・保育所が連携して園児が巫女や稚児として参加するところがあります。節分と鬼や福、そして豆まきなどとは、どのような関係があるのでしょうか。

起源・いわれ

節分は年に4回ある季節の分かれ目を意味しています。4つの季節が始まる立春、立夏、立秋、立冬の前日は、いずれも節分と呼ばれていました。

旧暦では立春頃が年の始めとされ、立春の前日は今の大晦日にあたり、最も大切な節分でした。そのため厄を払って清らかな状態で新年を迎えようとする行事が生まれました。

宮中では、追儺(ついな)という鬼追い行事が行われていました。文武天皇の頃(8世紀の初め)に、中国の宮廷行事を輸入したものでした。追儺では、黄金4つ目の仮面を付けた方相氏(ほうそうし)と呼ばれる陰陽師が中心となり、親王以下群臣が、桃弓で葦矢(あし)を空に放ち、目に見えない悪霊を追い払いました。

方相氏の異様な姿は、次第に無形の鬼の存在を忘れさせ、方相氏自身が鬼と見做(みな)されるようになりました。これが寺社の行事に採り入れられ、季節の変わり目の鬼祓い(おにやらい)行事として知られるようになりました。

豆まき

習わし・風俗

◆厄豆(やくまめ)・歳豆(としまめ)

年齢に1つ加えた数の豆（歳の数だけともいう）を、自分の干支、年齢を書いた紙に包み、これで体を撫でて寺社に納めます。厄豆という風習です。豆まきの後で、歳に1つ加えた数の豆を食べます。次の日から新しい年が始まるので、その分も食べる風習の名残りです。歳豆という習慣です。

◆豆まきの作法

豆まきは室町時代に京都で始まったと言われています。一説では、鬼の嫌いなものは豆だとの、毘沙門天(びしゃもんてん)（北の方位を守る戦闘神）のお告げがあったと言います。

①夕方までに、煎った大豆を枡か三方(さんぽう)に盛って、神棚もしくは恵方(えほう)に供えておきます。これを福豆と言います。忙しい人には市販されている福豆もあります。②玄関に焼嗅(やいか)がしをつけておきます。③家の戸を明け放ち、「鬼は外」と2回、「福は内」と3回、玄関から遠いところからまいていきます。④まき終った部屋の戸口は、すぐにぴしゃりと音をたてて閉めます。

◆焼嗅(やいか)がし

昔から臭いの強いものや、燃やすと音、臭いの立つ植物（ヒバ、モミ、カヤ、サイカチなど）を、鳥獣を追い祓うために用いてきました。これを鬼や厄病神を祓うためのまじないの具としたものが、焼嗅がしです。奇数枚の葉のついた柊(ひいらぎ)の枝に鰯(いわし)の頭を突き刺して、ガスコンロであぶり、玄関口に固定します。柊鰯(ひいらぎいわし)とも呼びます。

コラム

【おもてなし】　室町時代の連歌師宗長は、「福は内」という唱え言(となえごと)をふまえて、「福は内へ入り豆の今夜のもてなしに　拾い拾いや鬼は出らん」と詠んでいます。室町時代の絵巻『付喪神絵詞(つくもがみえことば)』は、節分のすす払いに家々から捨てられた古道具が妖怪に変じて、お祭りをするという話です。そこで1人の妖怪が「なんと臆病な鬼がいるものだ。豆で打たれても、うまい菓子なのだから拾って味わうべきだ」と言う。豆は鬼の好物だったのかもしれません。

11 初午(はつうま)
お稲荷さんは現世御利益(ごりやく)の最高神 ● 2月最初の午の日

初午という言葉は知らなくても、お稲荷さんを知らない人はいないでしょう。油揚げで酢飯を包んだお寿司？ 朱の鳥居、狐の鎮座するお社？ どちらも正解です。お稲荷さんの本家は京都の伏見稲荷大社です。伏見稲荷は日本人だけでなく外国人観光客にも有名です。マスコミの報道によると、人気スポットの1位にランキングされます。パワーを感じる、がその理由だそうです。お稲荷さんとは、そもそもどのような神様なのでしょうか。

起源・いわれ

伏見稲荷の背後には、稲荷神が降臨したと伝えられる稲荷山があります。その麓に水田が開け農村が成立した頃、人々は稲荷山に田の神が住み、春に里へ降りて農耕を見守り、秋に山へ帰ると信じ、祭を行い豊作を祈願してきました。

この地方には中国からやって来た秦(はた)氏という豪族が住み、商工業を営んでいました。秦氏は次第に財力を蓄え、勢力を広げていきました。そして稲荷山に稲荷神を祀(まつ)り、秦氏の守護神としました。そのため、もとは農業神だった稲荷山の神は、商工業の神としても尊ばれるようになったのです。

稲荷山は山岳修行者が籠る山でもありました。修行者は真言僧が多く、彼らは稲荷山へ詣(まい)る人々の案内もしていました。修行によって得た福徳敬愛などの功徳を与えることが真言僧の役目の一つでした。稲荷神は真言僧の仲立ちによって、現世の願いを叶える神として尊ばれるようになっていきました。

火防の凧 火災・災厄除け

習わし・風俗

◆御利益さまざま

伏見稲荷には白狐社があり、良縁を願う女性たちの祈願対象となっています。白狐は真言密教で効験が強調される愛法（男女の性愛）の女神、ダキニ天の仮の姿だと言われます。

東京都北区の王子稲荷は、火災除け、雨乞い、豊作祈願で有名です。関東の稲荷社の総社で、大晦日には関東中の狐が集合すると言われています。

台東区浅草の被官稲荷は就職に御利益があることで知られます。ヒをシと発音する江戸っ子が、被官を「仕官」と読んだのが、ここで就職祈願をするようになった理由と言われています。

◆行事食

初午の食物は、赤飯、焼き豆腐・里芋・蒟蒻などの煮〆が関東の定番です。同じ関東でも、栃木を中心とした北関東には「しもつかれ」という行事食が伝承されています。正月や節分の残り物を使うのが特徴です。稲荷社や道祖神に供え、家庭同士振る舞い合いました。歴史が古く、鎌倉時代の『宇治拾遺物語』に「すむつかり」として登場しています。ただ、現在のしもつかれとはだいぶ違っていて、煎大豆に大根おろしを添え、酢をかけた料理でした。

被官稲荷
祈願のときに、神前に供える土人形

コラム

【狐に油揚げ】　狐と油揚げの関係は、鶏と卵の関係に似ています。中世国文学・宗教文化研究者の田中貴子氏は、『性愛の日本中世』（ちくま学芸文庫）という著作の中で、そのルーツを探っています。中世には豆腐の揚げ物に限らず、油で揚げた物すべてを油揚げと呼んでいました。油を用いた食品は、狐の姿をとってこの世に現れている密教世界での女神ダキニ天の好物とされ、特に愛を祈るための修法で、油で揚げた餅や団子が供物になっていた、ということです。

12 建国記念の日
日本と日本文化を考える機会に●2月11日

2月11日は「建国記念の日」という祝日です。「建国をしのび、国を愛する心を養う日」とされています。この日は全国各地で記念行事が行われ、賛否それぞれの立場から講演会や勉強会、集会、イベントなどが催されています。マスコミによる報道も恒例です。「記念」という言葉が入った祝日は他にもあります。「憲法記念日」「終戦記念日」です。「記念日」と「記念の日」とは違うのでしょうか。この日が祝日になるにはどのような経緯があったのでしょうか。

起源・いわれ

2月11日は明治6（1873）年以降、昭和23（1948）年に「国民の祝日に関する法律」が制定されるまで、「紀元節」として祝われていました。紀元節を2月11日にしたのは『日本書紀』に、初代天皇とされる神武天皇が橿原宮において即位したのが、辛酉年の春正月庚辰朔日だと記されており、明治政府がこの日を太陽暦に換算して決めたことによります。紀元節は昭和23年に廃止されましたが、これを復活させるか、「建国記念日」と定めようとする祝日改正法案が度々提出されました。しかし、暦使用以前における神武天皇即位の年月日の不確かさ、それを太陽暦に換算することの是非など議論が多く、建国記念日という祝日は審議未了となっていました。そして、昭和41（1966）年、日付けを不確定にしたまま、「国民の祝日に関する法律の一部を改正する法案」が議会を通過、内閣審議会の審議を経て、2月11日と答申され、昭和42（1967）年「建国記念の日」の名称で国民の祝日として、政令公布されました。

「建国記念の日」日本の祝日として

習わし・風俗

◆祝典

各地で民間団体の主催による祝典が行われています。主催団体は「日本という国が誕生したことを祝う日」としています。東京では神宮外苑並木通りから原宿表参道を通り、明治神宮まで実施されるパレードが規模も大きく参加団体も多数にのぼります。神宮前で玉串を奉奠（ほうてん）し、国歌斉唱や参加団体による演奏が奉納されます。

◆講演会・集会

講演会、勉強会では、『日本書紀』をどう読むか、憲法問題、教科書問題、18歳選挙権、高齢者問題、国際社会での日本の役割といったテーマがとりあげられています。自国とその文化についての理解を深める機会ととらえ、古典の講読や語りを聞く催しが行われている例もありますが、少数であり、また継続的ではありません。

2月11日を建国記念の日とすることへの反対論には根強いものがあります。日付けを2月11日とする以上、紀元節を復活させたものであること、紀元節は歴史的根拠が無く、国民感情にそぐわないこと、主権在民を定める憲法の民主主義の原則に反している、などの理由から廃止が主張されています。

「建国記念の日」民主主義を考える集会

> **コラム**
>
> 【ナショナル・デイ】　諸外国では、ナショナル・デイをどのような日に定めているかを見てみると、植民地支配から独立し、自治権が認められた日、もしくは、国内革命を記念する解放・独立記念日が多数です。お国柄が出ているのは、グリーンランドの日照時間が最も長くなる日、スペインのコロンブスが新大陸を発見した日。ノルウェーでは憲法制定を祝う日、ドイツは東西の統一が成った日、スイス、オーストリアは永世中立国となった日としています。

艮と乾
うしとら　いぬい

行事の理解のために③

「本日はお日柄もよく」というのは、祝いごとでの決まり文句です。日柄が良いとは大安のことですが、葬式になると友を引くという語呂合わせから友引を避けます。葬祭場も焼き場も休んでいます。吉凶は方角についても言われます。家を新築する場合、気にするのは日当たりだけという人はいないでしょう。玄関、客間、台所、トイレなどの位置を考えます。日にちや方角が良いとか悪いという習慣には、どのようないわれがあるのでしょうか。

起源・いわれ

　日にちや方角に吉凶があるとするのは、主に中国から輸入した陰陽五行説に基づきます。陰陽五行説では、宇宙間のすべてのものは陰（陰気）と陽（陽気）の2つから成っていると考えます。また、神々、自然現象、方角、人体、動物、植物等には、木火土金水の性質のどれかが備わるとし、それらがつながったり、争い合って新しい生命が生まれると説いています。

　陰陽五行説は、推古天皇の頃（7世紀初め頃）に輸入され、遷都や山稜、役所の造営等に伴う日時や土地の選定等、実用的な卜占技術として用いられていました。それらの技術者は陰陽師と呼ばれる役人でした。

　平安時代になると、陰陽師は神官として国の祭に関わるようになりました。また天皇、貴族のための私的な祈禱を行うようになり、陰陽師の呪術、祈禱が陰陽道と呼ばれるようになり、方角の神や、方角の神の祟りを免れるための方違え、物忌み等の規制が生み出されていきました。

艮…うしとら　巽…たつみ
坤…ひつじさる　乾…いぬい

「十二支」　年、月、日、時刻、方位を示すのに用いられる

習わし・風俗

◆丑寅（艮）

方違えは、金神という方位の神（陰陽道で祀る遊行神、殺戮を好む神として恐れられている）の祟りを除けるために、出かけようとする方角に金神がいる日は、先ず他所へ行って1泊し、翌朝そこから目的地に向かうことです。白河上皇が採用（11世紀中頃）したことから貴族社会に浸透し、生活を規制していました。金神と北東（丑寅・艮）を鬼門とする陰陽道の考え方が結びつき、北東を表鬼門の大凶、その正反対の南西を裏鬼門として、玄関、蔵、風呂場、トイレを作るのは凶とされています。また角が突出しないように隅切りにすることも行われてきました。ここから鬼門に鬼瓦を置く鬼門除けの風習が生まれました。

◆戌亥（乾）

陰陽道では西北（戌亥・乾）を神門、吉の方角としています。

乾は陰陽道以前から日本人が警戒してきた方角でした。西北からの風はタマカゼ、アナジと呼ばれ不吉であり、航路を阻む悪風とされています。物語の世界では鬼の住処だったり、逃げ出した鬼の行く先だったりします。その一方で、宝の眠る倉や、小金のなる木のある方角でもあります。神棚や床の間は西北に作るとされ、家を守る神樹を植える風習も行われています。

鬼門に鬼瓦

コラム

【くしゃみと呪文】 平安時代の人々は、くしゃみが出るのは誰かが自分を呪っているからで、呪いが効果を現し始めたのだと考えました。呪いを消すために陰陽師から教えられた呪文を唱えます。決まり文句は「休息万命　急急如律令」でした。次第に省略して「くそくまんみょう」と言うようになり、さらに端折って「休息命」でも良いとなりました。「くそくみょう　くそくみょう」と何回も大急ぎで唱えているうちに「くさめ」になったということです。

バレンタイン・デー

愛の伝え方●2月14日

バレンタインデーは、この日に殉教したと伝えられる聖人バレンタインに因んで、恋人たちが贈り物を交換する日として定着しています。世界中の人びとが結婚式の日として好む日だと言います。日本では、女性から夫へ、お父さんへ、また意中の人へチョコレートをプレゼントする日になっています。愛の日として人気の高い行事です。聖人バレンタインと男女の愛とがなぜ結び付いたのでしょうか。

起源・いわれ

3世紀頃にローマで殉教したと伝えられる聖人バレンタインは、少なくても2～3人いると言われます。最もよく知られているのは、出征しなければならない兵士たちを隠れて結婚させ、処刑されたという司教です。

この時期はちょうど小鳥たちが配偶者を求める時期とされ、古代ローマでは、2月15日満月の晩、豊作祈願の祭が行われていました。この祭では、くじで1年限りの恋人を決める風習がありました。男女の睦びは動植物の繁殖を促すと考えられていました。また、くじは、占いとともに人間の運命のパターンが示される機会と信じられていました。

5世紀末頃、ローマ教皇はこの祭を野蛮でいかがわしい異教徒の風俗として禁じました。そして教会暦に取り込み、2月14日を聖バレンタインの祝日と定めました。

以来、この聖人は、恋人たち、幸せな結婚、若者、旅人、友情を育む人々の守護者になっています。

チョコレートを贈るのは、1958(昭和33)年に、東京のデパートで開かれたバレンタイン・セールでチョコレート会社が行ったキャンペーンがはじまり？

習わし・風俗

◆恋占い

この日を恋人たちの日として祝うようになったのは、14世紀以降のことでした。中世の貴族たちは「愛の儀式の宴」を催し、くじ引きで異性とカップルになり、恋占いや判じ絵の手紙のやりとりや御馳走を楽しみました。

恋占いは、麻の実やエリンゴ（セリ科の草の木）、ばらの花びら、のこぎり草を用いるもの、さまざまです。

麻の実占いは、広口のボウルの水の中に麻の実を落とし、どのような形になるかで、将来の伴侶の仕事や性格のヒントにします。エリンゴ占いは、枕の中に葉を入れて床につくと、夢にこちらを想っている人が現れると言います。

◆バレンタインカード

バレンタインのプレゼントには必ずカードを添えます。バレンタインカードは、クリスマスカードよりも古く、1761年に印刷されたカードが登場しました。当時から定番はハートやキューピットをあしらったものですが、季節感や相手の好みを考えながらのカード選びは楽しく、大切です。

パーティのごちそう
愛を連想させる種のある果実

> **コラム**
>
> 【想われて見る夢】　夢は自分が見るものと私たちは思っています。これとは違った夢が『万葉集』に繰り返し出てきます。「みをつくし心尽くして思えかも　ここにももとな夢にし見ゆる」。相手がこちらを深く想っているせいで、自分の夢にこうも繁く現れるのだ、というのです。
>
> これと同じような感じ方が現代にもなくはないのです。例えば、夢見がいいとか悪いとか、あるいは、虫が知らせるなどと言います。また、くしゃみが出れば、誰かが自分の噂をしていると思ったりします。目には見えない何かが働きかけるという感覚は、案外根強く残っているのではないでしょうか。

15 雛祭り
桃の節句●3月3日

> 雛祭りは女性たちの人気行事です。女児のいる家では2月の中旬から飾ります。成人女性でも、土雛、瀬戸物の内裏雛、木目込人形などに、金屏風や雪洞、桃の花などを飾って楽しむ人が多いようです。料理には貝類が使われます。草餅、白酒も定番です。白酒の代わりに甘酒を用意するという人もいます。美しい、楽しい、美味しい、3拍子揃っためでたさのゆえか、家庭の人気年中行事の上位にランクされています。雛祭りとは、どういうお祭りなのでしょうか。

起源・いわれ

平安時代の日本には、3月上巳（最初の巳の日）の祓という行事がありました。草や紙の人形に災厄を移して、川や海に流す習わしでした。上巳を選んだのは中国の影響でした。中国では、古くからこの日に「踏青」という風習がありました。水辺で草を踏み、川の流れで身を清め、桃酒を酌み交わして穢れを祓いました。

貴族の子どもたちには、無事に育つようにと枕元に置かれる人形がありました。3歳くらいまで飾り、辻に捨てたり川に流しました。白絹の幼児の形のぬいぐるみで、這子、天児、ひいなとも呼ばれていました。女児には、ひいな遊びが行われていました。このひいなは、姉様人形のような遊び方をする玩具でした。ひいな遊びは四季を限らず行われていた日常的な遊びでしたが、江戸時代になって、人形制作技術が高まり、豪華な雛人形が作られるようになると、3月3日に人形を飾って、飲食を楽しむ女性たちの遊びを雛遊び・雛祭りというようになりました。

雛人形

習わし・風俗

◆雛飾り

以前のような豪華な段飾りは少なくなり、親王飾り、3段5人飾りが増えているようです。

雛段は御所（都のあった京の御所）での結婚式を写しています。男雛女雛の左右に雪洞（ぼんぼり）を、中央に徳利を飾ります。左近の桜、右近の橘は、内裏紫宸殿（だいりししんでん）の前庭にある桜と橘を形どっています。向かって右が上座、左が下座になります。

◆行事食

行事食には、白酒や草餅、巻きずし、ちらしずし、蛤（はまぐり）の清汁（すましじる）、蜆（しじみ）・あさりの味噌汁といった貝類を具としたご飯もの・汁ものがあります。白酒は焼酎に蒸した糯米（もち）と麹（こうじ）を仕込み、熟成させてからすりつぶしたものです。アルコール濃度が高く、子どもには向きません。桃酒の代用品として室町時代から飲まれていました。桃酒は桃花を浸したり、葉を刻んで入れた酒で、桃花の流れる川の水を飲んで、長命を保ったという中国の伝説に因みます。

料理に貝類を使うのは、磯遊びの名残だといわれます。雛人形を飾ることが全国一律になったのは、昭和30年代以降のことでした。多くの農村、漁村の女性たちは、磯辺に出て潮干狩りを楽しみ、川辺で持ち寄ったご馳走を食べて1日を過ごしました。磯節句、浜下り（はまおり）などいろいろな名があります。

お雛様への供物

コラム

【蛤と菜花の清汁の作り方】　蛤は殻のかみ合わせが対のもの以外は合わないことから、夫婦和合の象徴とされ、雛祭りの定番となっています。蛤に菜花を合わせて、ビタミン12等栄養バランスの良い一品に。蛤を砂抜きして水洗いし、鍋に蛤、昆布、水を入れて中火にかけます。殻が開いたら灰汁（あく）を取り、酒、醤油、塩少々をいれます。菜花は塩を加えたお湯でさっと茹で、笊（ざる）にあげ固く絞り2cm位の長さに切ります。椀（わん）に移して、そこへ蛤の清汁を注ぎます。

東大寺お水取り
春を呼ぶ聖水●3月13日

「お水取り」という言葉を、日本人なら誰でも、1度くらいは聞いたことがあるのではないでしょうか。お水取りが終わると春が来る、という言い習わしを耳にしたこともあるかもしれません。お水取りの圧巻は、お堂を焦がさんばかりに焚かれる大松明です。その様子は毎年テレビで放映されます。祇園祭や阿波踊り、佞武多などの夏祭りの華麗さ、にぎにぎしさとは違った美しさです。お水取りには、どのような歴史や意味があるのでしょうか。

起源・いわれ

お水取りは、奈良の東大寺二月堂で、3月（もとは2月）1日から2週間行われる「修二月会（略して修二会という）」の中の行法（修行の方法）のひとつです。

仏教世界での修二会は、正月に、国の平和と五穀豊穣を祈願する「修正会」を、インドの年始の2月に合わせたものと言われています。

二月堂の建立者の実忠和尚の自伝によれば、二月堂の修二会の始まりは実忠の神秘体験に由来します。山に籠って修行していた実忠は、ある日、浄土世界での仏前に罪を懺悔する儀式と、行法が成功して観音菩薩が現れるのを目の当たりにしました。聖衆のひとりに、「この行法を下界に持って帰りたい」と言うと、「人間世界の時間は短か過ぎる、下界ですれば数百年かかる」と言われ、「走れば数を満たすことができる」と答えてこの行法を授かったと語られています。この縁起に基づいて、行法に参加する僧侶は2週間荒行にいそしみます。

東大寺二月堂の籠松明

習わし・風俗

◆お水送り

お水取りに先がけて3月2日、福井県小浜市の神宮寺でお水送りが行われます。日没後、境内の湧水を汲み上げ、遠敷川に向かいます。ここで川に注がれた水が二月堂の若狭井に届くと言われています。昔、修二会に神々が集まった時、遅刻してしまった遠敷明神が、若狭から毎年水を送ると約束した、という伝説に因んだ行事です。

◆お水取り

2週間にわたる修二会の中で、3月12日の籠松明とお水取り行事には、多数の人々が参詣するため、この2つの名称が修二会全体を指す俗称となっています。

日没後、長い青竹の先に杉葉を付けた松明を、僧侶たちが回廊で大きく振り回します。参詣人はその火の粉を浴びて厄除けにします。日付けが変わると堂下の若狭井という井戸から水を汲み上げ（非公開）、本尊に供えます。若狭井は若狭の国（福井県）の河川と地底でつながっていると信じられ、清めの聖水と言われています。この後、僧侶たちが駆け足で走り、体を拝殿の板の間や腰板に打ち付ける荒行が続きます。

小浜市神宮寺のお水送り

コラム

【葦原の中国】　水底でつながっているという伝説を持つ湖沼、池川は、若狭井と若狭の海に限らず多く存在します。その他にも、2つの池沼をダイダラ坊の足跡として関係づける伝説が、全国無数にあります。これらの話を集めると、日本中の湖・池・沼・川がつながりそうです。そのような景観を古代の日本人は「洲壌（国土）の浮かれ漂えること、譬えば遊魚の水上に浮けるが如し」（『日本書紀』）と形容しました。そして蒼く瑞々しい国土を「葦原の中国」と呼んでいました。

17 涅槃会
ねはんえ
仏の別れ●3月15日

釈迦の降誕を祝して行われる灌仏会はよく知られています。では命日はどうでしょうか。釈迦の入滅は2月15日と伝えられています。現在ひと月遅れの3月15日に、仏教各寺院で行われる追悼の法会を「涅槃会」と言います。「涅槃」は、入滅（死）のこと、梵語では、入滅を「迷いのなくなった絶対静寂の境地」の意味で「ニルヴァーナ」と言います。これを漢音訳した言葉が涅槃です。

起源・いわれ

釈迦の晩年のことは、「大般涅槃経」というお経に記されています。伝導生活は45年に及び、長径800km、短径400kmになる楕円形の地域を教化したと言います。ある日ある村で、ひとりの鍛冶屋にお布施として食事にあずかり、食あたりに罹ってしまいます。病を押してクシナガラという村に至りますが、沙羅双樹の下に横たわって、「精進せよ」との言葉を最後に亡くなりました。80歳であったとされています。

釈迦涅槃

遺体は遺言によって荼毘にふされ、遺骨は8分されて、それぞれ建立された塔に納められました。遺骨を仏教用語で舎利といい、釈迦の遺骨＝仏舎利を収めた塔を仏舎利塔と呼びます。その後、各国各地でも仏舎利塔が建立され、その本体も釈迦の遺骨粒であると信じられています。

習わし・風俗

◆涅槃雪

　雪の多い地方では、涅槃会の前後が降雪の最後という土地が多く、この時期に降る雪を「涅槃雪」と言います。また、この頃西から吹く風を「涅槃西風(ねはんにし)」と呼びます。

◆涅槃会

　寺院では「涅槃図」を掲げ、釈迦の最後の説法を内容とする「遺教経(ゆいぎょうきょう)」を読誦します。涅槃図には、沙羅双樹の下に「頭北面西右脇臥(ずほくめんさいうきょうが)」して横たわる釈迦を、弟子たち、魚、獣、虫までが取り囲んで、嘆き悲しむ様子が描かれています。涅槃図と涅槃会のことを「仏の別れ」とか「如月(きさらぎ)の別れ」とも言います。

◆京都嵯峨清涼寺の「お松明(たいまつ)」

　京都市右京区嵯峨にある清涼寺の釈迦堂では、涅槃会の一部として、3基の大松明を焚き上げます。この松明は朝顔形で、長さ8.25m、直径1.6mもあります。釈迦の荼毘の様子を再現して、弔意を表すと言います。涅槃会といえば「嵯峨のお松明」として知られています。

韋駄天

コラム

【韋駄天(いだてん)のお手柄】　足の速い人の代名詞として「韋駄天」という言葉があります。韋駄天はもとは仏法を守るインドの神です。寺院本堂では、甲冑(かっちゅう)を帯び、宝剣を携えた姿で、入り口近くに立っています。釈迦の遺体を荼毘にふした時のこと、遺骨の中から一対の歯を盗んで逃走した鬼がいました。おろおろするばかりの弟子たちの中から、韋駄天が躍り出ました。鬼を追って、走って走って走って、ついにこの世の果てまで鬼を追い詰め、無事遺骨を取り戻したということです。

18 お彼岸

春秋2回の先祖供養 ●3月18日～23日ころ/9月20日～27日ころ

「暑さ寒さも彼岸まで」と言います。「彼岸を過ぎると畳の目数1目ずつ日脚(ひあし)が伸びる」などとも言われてきました。仏事では、「彼岸に旅立った」という言い方をします。彼岸の中日には、先祖を供養し、墓参りをします。彼岸の中日は、春分、秋分の日でもあります。春分、秋分の日をはさんで、前後3日間ずつ計7日間が彼岸です。彼岸にはぼた餅を食べます。彼岸という行事にはいろいろな意味がありそうです。

起源・いわれ

春分と秋分の日は昼と夜の長さが同じです。太陽が真東から出て真西に沈みます。稲作を中心にして暮らしている人々には、特に印象の強い日でした。春の種蒔き、秋の刈り入れの時であり、豊作を祈り、稔りに感謝して田の神を祭り、捧げものをしました。

仏教では、太陽が沈んでいく真西の方角に極楽浄土があると説きました。貴族から庶民にいたるまで、浄土への関心は高く、次第に春分、秋分の日を特別な日として、彼岸と名付けた行事が行われるようになりました。彼岸とは向こう岸、あの世のこと、これに対してこの世のことを此岸(しがん)と言います。古代インド語の「波羅密多」(パラミター)を漢語訳した「到彼岸」=「彼岸に到る」という意味の仏教用語に由来します。教えを説いて歩く説教僧が、パラミター、彼岸に到ると、説いて回った時期が春分、秋分の時期でした。説教僧が来ることを、もうじき彼岸が来る、と言ったことから、彼岸という言葉が広まったと言われます。

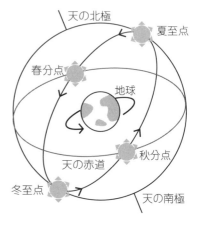

春分・秋分、昼と夜の長さが同じ

習わし・風俗

◆ぼた餅

ぼた餅はもともと春分と秋分の日に、田の神に捧げた供物です。仏教の彼岸という教えが浸透して、彼岸の供え物、食べ物となりました。

古代インド語で「飯」を意味する「bhutta」が「ぼた」となり、柔らかいという意味の「muda」が「もち」となって、ぼたもちという言葉ができたと言われています。

秋田県や長野県では、鍋餅、鍋すり餅、金沢や関西地方では、掻餅と呼びます。栃木では、炊いた糯米の上に餡を乗せて食べ、餅の飯と呼んでいます。

◆墓参り

墓は子孫と死者とが直接向き合う場所です。墓の周囲の雑草、落ち葉を取り除き、墓石、花入れを水で清めます。手桶の水を柄杓で汲み、花入れに注ぎ、花を供え線香をたきます。花は、花の正面を礼拝する側に向け真っ直ぐに立てます。線香の火は、息で吹き消すのではなく、手で静かに仰ぐか、線香を振って消します。各人順番に合掌礼拝します。

彼岸や法要の時に、供養のために墓石の後ろに卒塔婆という細長い板を立てることがあります。釈迦の入滅後、その遺骨を8つの地方に分けてストゥーパ（煉瓦や土で造った土饅頭型の記念碑）に祀ったのが始まりです。寺院の三重塔や五重塔も同じ由来を持つ建物です。

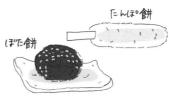

ぼた餅
もともと田の神に捧げた供物

> **コラム**
>
> 【春の餅菓子】　食べ物の季節感は薄れつつありますが、春の餅菓子が出回ると、色と香りが春を呼び寄せます。正月限定の花びら餅に続くのは、鶯餅です。餡を餅や求肥でくるみ青黄粉をまぶし、鶯の形と色に似せて、両端をつまんで尖らせています。雛祭りの供え物の草餅は、茹でた蓬を米粉にまぜて搗き、餡をくるみます。蓬は草餅の材料になることから、餅草という愛称のような別名もあります。彼岸のぼた餅、花見時の桜餅と続き、端午の節句の柏餅と粽で夏を迎えます。

19 花見

春の訪れを皆で楽しむ●3月下旬〜4月上旬

日本で花といえば、桜です。欧米ではおしゃれな庭園で美しく咲く花を観賞するパーティはありますが、満開の桜の下へ大勢で出かけて飲食を楽しむような行事はありません。東京なら、上野公園や隅田川河畔、靖国神社境内など。京都では祇園丸山公園、鴨川から高野川へかけての桜堤、平安神宮など名所にはこと欠きません。桜前線の移動に伴って約1カ月間、各地の名所の情報が提供されます。花見にはどのような歴史があるのでしょうか。

起源・いわれ

花を美の対象とする習慣はそれほど古いことではありません。中国文化を輸入して貴族階級がそれを模倣するようになってからのことで、奈良時代以降とされています。もともとの花見は、桜の開き具合によって稲の稔りの多寡を占い、稲の精や田の神を村へ迎える祭でした。農民たちは農繁期を迎える前に連れだって山野に出かけ、憩の時を過ごしました。花見は個人で行うものではなく、共同体の生産行事という色合いの強いものだったのです。

『万葉集』の時代には花といえば中国から輸入された梅でした。植物学者の統計では、梅が180首、萩が140首詠まれているのに対して、桜は50首に過ぎません。これが『古今集』では逆転し、桜70首、梅18首となっています。花見の宴が行われた最初は嵯峨天皇の頃の宮中での「花宴の節(せち)」(812年)だと言われ、これ以降定例行事となりました。花見が一般的になったのは江戸時代でした。園芸技術が高まり、都市計画の中に植樹や移植が採用され名所が生まれていきました。

皆でお花見に

習わし・風俗

◆名所と開花予想

　江戸時代の桜の名所の上位5カ所は、隅田川堤、上野山、王子の飛鳥山、品川の御殿山、芝の愛宕山でした。

　上野寛永寺の桜は、3代将軍家光が吉野から移植させて、計画的に名所を作ったものです。

　隅田川、飛鳥山の桜は8代将軍吉宗が享保5（1720）年の頃、植樹させたもので、花見が庶民に広まっていくきっかけとなりました。飛鳥山の桜は上野の桜（立春から60日目ころの開花）が散ってから開き、立春から数えて70日目頃が満開だと言われています。

　気象庁の開花予想は昭和20年代に始まりました。平成22年から民間の気象業者が、また、マスコミによる「桜前線」の北上予測もこれに基づきます。

◆桜餅・桜漬け

　桜餅は、白玉粉や小麦粉を溶いて焼いた薄皮で餡を巻き、塩漬けの大島桜の新葉で包んだ餅菓子です。向島長命寺門前の桜餅が創始として有名です。寺の門番が思いついて、享保年間に売り出したと言います。関西では糯米を使った道明寺粉を用い、名前も道明寺餅です。半開きの八重桜の花を塩漬けにしたものを桜漬けと言います。これにお湯をさしたのが桜湯で、めでたい席でお茶がわりに供されます。白身魚に乗せて蒸した桜蒸し、白飯にまぜた桜飯などにも使います。

関西風　　　関東風

桜餅

コラム

【花の下にて春死なん】　歌人西行（1118～1190年）が「願はくは花のもとにて春死なん　そのきさらぎの望月のころ」と詠み、歌のとおり桜の下、2月16日に彼岸へ旅立ったことは有名です。西行と同世代の藤原俊成（1114～1204年）は、百人一首を編纂した定家の父であり、王朝末期歌壇の大御所でした。俊成は日頃、西行の歌風に批判的でした。しかし、その死を知ると「願いおきし花の下にて終わりけり　蓮の上もたがわざるらん」と唱和しました。

イースター

キリストの復活と春の再生を祝う●春分後の満月後、最初の日曜日

> イースターは処刑されたキリストのよみがえりを祝う行事だと言います。復活祭と呼ぶこの祝日は何月何日と決まっていません。2017年は4月16日、2018年は4月1日でした。イースターにはゆで卵に色付けしたり、ガラスの宝石やレースの飾りを付けたりします。キリストの復活と装飾卵とはどのような関係があるのでしょうか。また年によって行事日が移動するのはなぜなのでしょうか。

起源・いわれ

イースターは、キリスト教で最も大きく、最も古くから行われている祝祭です。西暦325年に開催された第1回ニケア公会議（ローマ皇帝、キリスト教司教たちによる宗教会議）の決定に基づいて、春分後の満月の後の最初の日曜日に行われてきました。日曜日とするのは、イエスの復活が日曜日であったと伝えられているためです。

英語のイースターはヨーロッパの暁、あるいは春の女神エイオストレの名に由来したと言われます。キリスト教の行事ではありますが、ギリシャ、ローマ神話などの異教徒的要素も入っています。冬の寒さに打ち勝って、太陽が再び力を増してきたことを祝います。それは、イエスの復活というキリスト教的意味付けとも合致するものでした。

イースター・バニー

習わし・風俗

◆イースター・エッグ

　春の到来を祝い、生命の存続と多産・豊作を願って、固く茹でた卵に花や野菜から取った染料で、思い思いの色と模様を付けます。国や地域によっては、庭や室内に隠して子どもたちに探させます。

　アメリカのホワイトハウスでは、1878年以来、卵を転がすイースター・エッグ・ロールの行事があり、たくさんの子どもたちが参加しています。最近ではチョコレートのイースター・エッグが人気です。

◆イースター・バニー

　卵、バター、乳など動物性食品を豊富に使ったパンやケーキ、羊料理を作ります。イースターでは兎がシンボルです。兎の繁殖力にあやかって兎を象（かたど）ったチョコレートやパンを作ります。イースター・バニーと呼ばれ、アメリカでもヨーロッパでも彩色卵は、この兎が持ってくると言われています。

イースター・エッグ

◆教会では

　ローマ・カトリック教会では、土曜日の夕刻から深夜12時までの間に、復活徹夜祭が始まります。復活したイエスを象徴する大ろうそくの祝祭です。その後、聖書の朗読と説教があり、成人の洗礼式が行われます。

コラム

【カーニバル】　伝導開始前のイエスが、荒野で悪魔に試されるということがありました。イエスは40日間の断食を貫き、悪魔の誘惑を退けました。ローマ・カトリックではこれを記念して、イースターに先立つ40日間、食事の量と内容を制限します。その前に行われるのがカーニバル（謝肉祭）です。好きなだけ食べ楽しんでおこうという宗教色抜きのイベントです。イタリア、ヴェネチアの仮面姿でのお練り、ブラジル、リオ・デ・ジャネイロのサンバのコンテスト、南仏ニースのミモザ祭などが集客数を競います。

エイプリルフール

道化(どうけ)が演じる「逆さま世界」の寓喩(ぐうゆ)●4月1日

エイプリルフールは、四月馬鹿とか万愚節(ばんぐせつ)と日本語訳されています。この日には、嘘や冗談を言っても、大目に見てもらえると言われています。ヨーロッパでグレゴリオ暦(ローマ教会が定めた太陽暦)が採用された時、新年が4月1日から1月1日に変わってしまったため、それを快く思わない人たちが、4月1日を嘘の新年として大騒ぎしたことに由来する、という説があります。別の説では、教会が教会離れを防ぐために意図的に設けたものだと言います。

起源・いわれ

エイプリルフールの起源は、中世ヨーロッパカトリック教会の万愚祭(All Fools Day)にあります。7世紀の頃には、ヨーロッパのほぼ全域に、カトリック教会が広まっていたと言われます。教会は、異教徒の神話や豊作・繁殖祈願の祭、死者の霊に対する考え方などを教義に採り入れました。それらにキリスト教的意味を与え、クリスマスや新年の頃の行事、謝肉祭、復活祭などの教会の祝祭日に移し換えました。こうした祭日には、人々が教会や教会の広場で、道化師や芸人とともに飲み食い踊ることが許されました。教会では、教会学校の生徒や下級の聖職者が、この日だけの司教に選ばれ、司祭が祭壇からいたずらや馬鹿話をして、人々を爆笑させました。

町や村、貴族の城館でも、道化師が貴賓席に座ったり、大人が子どもの玩具で遊び、子どもが大人に命令するといった、いつもとは逆さまなことが行われました。茶番や戯れやパロディ、そして芝居がかった儀式を楽しむ特別の日でした。

ドイツの中世絵画に描かれた無礼講の日
子どもたちが大人をからかったりしている

習わし・風俗

◆無礼講の王

貴族の城館での主人役を務めたのは道化師でした。彼はこの日だけ、無礼講の王、と呼ばれました。儀典官が宴の開始を告げます。言葉は後ろから逆さまに言われます。給仕は城館の主とその奥方、下座から給仕していきます。文字は鏡文字で書く約束でした。この宴のすべて逆の手順には特別の名前が付けられ、「逆さま」と呼ばれていました。このようなお祭り騒ぎは中世に始まったわけではなく、古代ローマでも1日だけ主人が奴隷に仕えるという行事があったと言われています。

◆諷刺劇

万愚祭には、諷刺の効いた寸劇が演じられ、滑稽な詩が朗読されました。特に人気のあったのは、旧約聖書の預言者ボラムと彼の飼うロバの話をもじった冒険譚でした。そこでは、ロバと主人の立場が入れ替わります。いつもは馬鹿にされているロバが、難題を与えた教授に一泡ふかせる話もありました。行事や祭でロバが主役を演じるのは、今でもヨーロッパでは珍しいことではありませんが、万愚祭でのロバの寸劇は、特に「ロバの饗宴」と呼ばれ、方々の村々の辻、町の広場で演じられました。

4月～6月

道化師が登場

> **コラム**
>
> 【道化師の衣装】 道化師の衣装には2種類ありました。一つは、雑色の服、マトリーと呼ばれる、色とりどりのダイヤ柄のつなぎです。もう一つは、真ん中で色が分かれている上着で、フードからストッキングまで同じです。フードの先端と足のすねあたりに鈴をつけます。必ず笏を携えますが、その頭にも鈴のついた道化師の帽子がかぶせられています。棒馬（ホビーホース、日本で言う春駒）に跨って登場するのが、儀式の呼び物でした。

鎮花祭
はなしずめのまつり

「やすらい花や」と、散る花を惜しむ ●4月上旬

　日本にはたくさんの神々がいます。日月、風雲、雨雪、動植物、鉱物にまで神が宿ると信じられてきました。神々には、それぞれ役割があり、感謝の祭を怠りなく勤めれば、それぞれの役割を発揮してくれると考えてきました。一方、病気や災いのもとになる神や、人に祟って前世の恨みを晴らそうとする神もいると考えられ、これらの神には、特に丁寧にもてなす祭を行ってきました。鎮花祭は、そのような祭の一つです。

起源・いわれ

　桜の花の散る頃は、雨まじりの風が吹いたり、じめじめとした日があったりします。寒暖の差が大きく、体調を崩しがちです。こうした気象の急変や心身の不安は、桜の花に宿る精霊の仕業と考えられていました。この精霊の跳梁を鎮めようと代々の宮中で祭が行われました。崇神天皇の頃、疫病が広まったため、大和の地主神である三輪大神（奈良県桜井市大神神社）を祀ったのが最初だとされています。その後、この祭が各地の神社と農村に広まり、農村ではもともと行われていた生産行事と結びつきました。

　農村では、桜の花に厄神をより憑かせようと衣装や飾り、そして囃子に工夫をこらしました。踊りながら「やすらい花や（ゆっくりしてください花よ）」と声をかけ、もてなして、送り出しました。祭の歌舞音曲や行列の装飾が人気を呼び、芸能の華麗さと奇抜さで有名になり、祭の保存と伝承の原動力となってきました。

厄除けの花笠

習わし・風俗

◆鎮花祭

奈良県奈良市の春日大社や滋賀県大津市の長等神社などで鎮花祭が行われています。両社ともに、桜の枝を神前に捧げます。長等神社では、桜の花を厄神の跳梁を鎮めとどめた花として誉め讃え、「幣として桜の花を枝ながら山の主に今ぞ手向くる」という歌を捧げます。

◆やすらい祭

京都の今宮神社と玄武神社（北区紫野）、西賀茂の川上大神宮では、やすらい祭が行われます。

やすらい祭の名は、囃子言葉に「やすらい花や」と繰り返すところからの命名です。桜を稲の花の象徴と見て、散ってしまうなと祈るとともに、花の精にあおられていたずらして回る疫神を踊りの中に巻き込んで、なだめすかすのだと言われています。

氏子たちが扮した赤毛、黒毛の鬼たちが町内を練り歩き、要所要所で大きな花笠を立てて、鉦・太鼓で踊りながら神社に向かい、疫神塚に厄神を封じ込めます。笠の下は神霊の宿る空間であり、笠に入れば清められると信じられています。人々はわれ先にと花笠に入り無病息災を祈願します。

赤毛・黒毛の鬼

> **コラム**
>
> 【稚児の涙】　鎌倉時代の説話集『宇治拾遺物語』に、比叡山の稚児（僧侶の身の周りの世話をする少年）が、強風に桜の花が散るのを見て泣く話があります。僧侶が、桜ははかないものですぐに散るが、嘆かなくても良いと慰めると、稚児はこう答えました。桜が散るのが悲しいのではありません。私の父が作った麦の花が散ってしまって、実を結ばないのではないか、と思うと悲しくてならないのですと。稚児の涙は生活の禍福に関わる切実な涙でした。

23 卯月八日と灌仏会
めでたきことに寺詣●4月8日

4月8日は釈迦の生まれた日とされています。灌仏会・仏生会・降誕会と言い、寺院では法要が営まれます。季節の木の花、草の花で飾った小堂が設けられ、参拝客はお堂に安置された童形の釈迦像に甘茶を灌ぎます。白象の作り物を飾る寺もあります。仏教系の幼稚園では特に大事にしている行事のようです。釈迦の誕生祝いと花のお堂や甘茶、象などとはどのような関係があるのでしょうか。

起源・いわれ

釈迦は紀元前463年ごろ、現在のネパールのタライ地方にあったルンビニー園（父の離宮）の花盛りの無憂樹（豆科のアソカ）の下で摩耶夫人から生まれました。父はインドの小国の王で、摩耶夫人はその妃でした。摩耶夫人は白象が体内に入る夢を見て懐妊したと言います。釈迦は誕生と同時に7歩歩いて「天上天下唯我独尊」と唱えたと言われています。この時、天上の龍が天空から霊妙の水を灌いで産湯をつかわせたと伝えられています。灌仏会はこの故事に従って行われます。

日本では推古天皇14（606）年に、奈良の元興寺で行われたのが最初だと言います。

全国の庶民層にまで普及したのは江戸時代でした。諸宗の寺で釈迦誕生の花園を形どった花の小堂を造り、釈迦の立像を据え、仏頂に甘茶を注いで釈迦の誕生日を祝うようになりました。

花御堂
仏頂に甘茶を注いで誕生日を祝います

習わし・風俗

◆灌仏会

　花で飾られた小堂は花御堂と言います。花御堂には、甘茶を湛えた水盤が置かれ、釈迦の誕生の時の姿を象った誕生仏が据えられています。参詣人は竹柄杓で甘茶を3度仏頭に灌ぎます。甘茶といっても、厳密にはお茶ではなく、アマチャという植物の葉を乾燥させて作ります。アジサイと同種ですが、アジサイにはないフィロズルチンという甘味を含みます。甘茶を頒けてもらい、これで墨をすり「千早振る卯月八日は吉日よ　神避け虫を成敗ぞする」と書いて、紙片を戸口に貼ると虫除けになると言われています。

◆卯月八日

　灌仏会は仏教行事ですが、いつしか農民の行事と結びつきました。春山入り、花遊び、卯月八日などと呼ばれ、田の神を里に迎える大事な日でした。仕事を休み、酒肴を用意して山に入り、ウツギ、ヤマブキ、フジ、ツツジの花や枝を摘み採り、山の神の宿ったしるしとして庭に立てたり、戸口や軒先に挿しました。

　この日の特別な食べ物は、全国的に蓬団子です。お茶と一緒に仏前に供えます。

多くの寺院で稚児行列が行われます

コラム

【スジャータがくれたスジャータ】　釈迦は小国の王子として生まれながら、放浪の旅に出て、想像を絶する苦行の末に、35歳で悟りを得たと言われています。その直前のこと、断食・断水を続け、飢えと渇きで衰弱しきっていた釈迦は、ガンジス川の支流のほとりの村で、村の女スジャータから、スジャータという牛乳粥のようなものを施され、体力を回復したと言います。このスジャータという名は、今ではコーヒー用のミルクの商標になっています。

日吉山王祭
ひえさんのうさい

「7年見ざればことごとく見尽くし難し」●4月12〜15日

日吉山王祭は、滋賀県大津市坂本の日吉大社の祭礼です。男神女神の結婚と若宮誕生を象（かたど）ったシリツナギ神事・宵宮落（よいみやおと）し、大松明（おおたいまつ）を掲げた甲冑武者（かっちゅう）・駕輿丁（かよちょう）の一気駆け。その名も床しい花渡り式では、鎧（よろい）武者姿の稚児を先頭に、金棒引（かなぼうひ）きに守られながら、飾り花が大房を揺らしつつ練り歩きます。そして金色7基の神輿（みこし）の琵琶湖上渡御（とぎょ）。祭場が広範囲に及ぶことと、神事の多彩さから「7年見ざればことごとく見尽くし難し」と言われています。

起源・いわれ

日吉大社は全国四千の日吉（日枝）神社・山王神社の本宮で、天台宗本山延暦寺の守護社です。天台宗の開祖である最澄が、留学生として学んだ、唐の天台山清国寺が「山王元弼真君（さんのうげんひつしんくん）」という地主神を祀っていることに因んで、比叡山を山王と私称したことから、日吉神社は一名、日吉山王社、山王権現とも呼ばれてきました。

日吉神社の祭神は大山喰神（おおやまくいのかみ）（東本宮）と大己貴神（おおなむちのかみ）（西本宮）です。大山喰神は古代から比叡山上に鎮座した地主神でした。唐留学から帰国した最澄は、天台の教えを弘めるための拠点を建立するにあたって、大和国大神神社（おおみわじんじゃ）の大己貴神（三輪明神・国家神）を迎え寺の守護神としました。

祭礼はこの経緯を象（かたど）って、ありし昔のこととして演出しています。今のような規模が整ったのは鎌倉時代嘉元年間（1303〜1305）と言われています。

祭礼は、ありし昔のこととして演出

習わし・風俗

◆山宮から里宮へ

4月12日夜、牛尾山山頂から東本宮へ渡御した2基の神輿の、俗称「シリツナギ神事」が行われます。2基の神輿の轅を互いにさしちがえさせ、献饌の後、宮司が「御生れ」の祝詞を奏上します。男女2神の結婚を表わす神事です。13日夜には、約2時間に及ぶ神輿の振り落としが行われます。篝火の中、甲冑武者、駕輿丁（神輿の担ぎ手）が神輿を振り上げ、振り下げます。「宵宮落とし」という若宮誕生を表わす神事です。

◆里宮から湖上へ

14日（例祭日）には、4月3日に予め大津天孫神社へ渡御していた大榊を西本宮に迎えます。三輪明神が日吉大社に遷る途中、天孫神社に逗留したという故事に因むのだと言います。

夕刻から夜にかけて金色7基の神輿の湖上渡御があります。湖上で「粟津の御供」と言い習わしてきた神饌奉納の古式が行われます。三輪の神が大和から遊びに来たとき、在地の者が粟飯を献じたことに由来すると言います。

湖上で行われる古式の奉納

> **コラム**
>
> 【神紋】　日吉大社の神紋は蛇体をとっています。祭神大己貴神が大和の三輪の神（オオモノヌシノカミ・蛇神）の分霊であることによります。神武天皇を先導した八咫烏伝承を持つ熊野三大社は烏紋です。祭神に関する伝承によって決めているところが多く、梅を愛好した菅原道真を祀った天神社の梅紋は有名です。よくわからないものに木瓜紋があります。八坂神社やスサノオノミコトを祭神とする祇園社や八雲神社に多い神紋です。

25 母の日・父の日

敬いと絆と●5月第2日曜日／6月第3日曜日

なぜ母の日や父の日があるのでしょうか。5月の第2日曜日は母の日、6月の第3日曜日は父の日となっています。これは、普段からお世話になっている母親や父親に対して、子どもが感謝の気持ちを表す特別な日が必要だとして定められたからです。特に全国的な行事があるわけではありまん。普通、家庭では、母の日には赤や他のカラフルな色のカーネーションとプレゼントを、また父の日にはプレゼントを渡して、自分の気持ちを表すのが一般的です。

起源・いわれ

　日本の「母の日」は、20世紀初頭のアメリカのジャービスという娘の活動をきっかけにできました。彼女は1905年に母を亡くし、その追悼のため、フィラデルフィアの協会でカーネーションを配ることにしました。この日は1908年5月の第2日曜日でした。

　父の日の起原もアメリカです。J.B.ドット夫人が、男手一つで育ててくれた父親に感謝するために、1909年ころから活動を開始しました。父の日も当然あるべきだ、という理由からです。1972年には、アメリカ国民の祝日になりました。日本へ伝わったのは1980年ごろからです。1981年に「FDC日本ファザーズ・デイ委員会」は、父の日に黄色のリボンを送ろうという企画をたてました。その理由は、イギリスでは昔から黄色は身を守る縁起のよい色とされていたからです。それがやがて、シンボルカラーとして定着していきました。

皿洗いをお手伝い

習わし・風俗

◆母の日に送るカーネーション

どうして母の日に送るのはカーネーションなのでしょうか。その由来はキリスト教にあります。聖母マリアが十字架のキリストを見て流した涙から生れた花がカーネーションだとされているからです。このためカーネーションは「母性愛」を象徴する花となりました。日本では花の色もいろいろでしたが、1960年から、義理の母に育てられた子どものことなどを配慮して、赤に統一することになりました。現在では、それにあまりこだわらない人たちも出てきています。

◆父の日に送る黄色いリボン

父の日に送られる黄色のリボンは、イギリスからアメリカに伝わるとき身を守るものと見なされていました。しかし、わが国ではリボンを送るのは、あまり一般的ではなく、黄色のバラを送るのが普通のことです。

◆パーティと贈り物

母親や父親に感謝する日なので、花やリボンだけではなく、プレゼントを渡したり、お祝いの会を設けることも一般的です。普段からの世話に感謝して、例えば、母親が行っている家事を一日代行する、父親のやっている仕事を手伝うことなども、良く行われている光景です。

肩たたき、気持ちいい？

> **コラム**
>
> 【学校参観】　学校でも父親参観の名称が「日曜参観」と名前を変え、工夫しているところもみられます。父兄会も父母の会になり、今では保護者会と称されています。ひとり親や親のいない子どもに対する配慮も必要です。ただそのことで、父親や母親の存在がないがしろにされたり、父親や母親への感謝の気持ちが失われたりすることになると、それもまた問題です。母の日や父の日の場合も、全くそれと同じことが言えるでしょう。

26 八十八夜
はちじゅうはちや
国産初の暦の誕生 ●5月2日ころ

八十八夜は立春から数えて八十八日目の日のこと、5月2日頃になります。文部省唱歌の「茶つみ」には、この頃の風物詩が余すところなく詠われています。「夏も近づく八十八夜　野にも山にも若葉が繁る　あれに見えるは茶つみじゃないか　茜(あかね)だすきに菅(すげ)の笠」。八十八夜から数日すれば立夏です。若葉に染まった野山の中で、茶摘みが最盛期を迎えます。茶摘みは主に女性たちの仕事で、そのいでたちは藍染の絣(かすり)に赤いたすきをかけ、菅で編んだ笠をかぶると決まっていました。今はもう失われてしまった光景ですが、季節感に変わりはありません。

起源・いわれ

八十八夜は太陽の動きから計算された雑節の一つです。雑節が暦に採用されたのは江戸時代の「貞享暦(じょうきょうれき)」においてでした。

暦は本来、実地観測によって天文現象を記述するものです。ところが日本では江戸時代まで、精確な器具を使っての観測は行われず、中国（唐）伝来の暦を、平安時代以来800年以上使用してきました。その結果、実際の天象との矛盾が生じ、夏至が2日もずれていたり、日食、月食などの予報、記録もかなりいい加減でした。その欠陥と不備を改良した国産初の暦が採用されたのは、貞享元(1684)年のことでした。この暦を「貞享暦」と言います。

貞享暦は特に農民に歓迎され、当時の農家の記録にも、「彼岸の中日に種籾(たねもみ)を池に浸す」とか、「苗代への播種(はしゅ)、茶摘み、蚕(かいこ)のはきたては八十八夜に始める」などとあり、農作業の基準として重宝されてきました。

最初に摘むのが「一番茶」

習わし・風俗

◆八十八夜の別れ霜

八十八夜ともなれば霜もやむ時期だけれど、それでも降りればせっかくの作物も台無しです。油断禁物と戒めるために「八十八夜の別れ霜（忘れ霜ともいう）」と言い習わしてきました。

◆香りは5月、味は秋口

5月に新茶として店頭に並ぶ煎茶は、九州地方などで早期栽培された茶です。色と香りがみずみずしく、長寿の薬とも言われ、縁起物として大切にされています。新茶の本当の飲み頃は秋口。ひと夏寝かせて熟成させ秋に売り出される茶には、茶本来の旨味があります。

◆口切（くちきり）

茶道で使われる抹茶は、八十八夜の頃に製茶して、ひと夏保管し、秋以降茶臼で挽いて販売されます。これを用いる茶会を「口切」といいます。茶壺の口を封じておいた紐を切って開けることからの命名です。

煎茶の入れ方

コラム

【茶壺に追われてトッピンシャン】　江戸時代、将軍家御用の茶を入れる茶壺を、江戸と宇治の間を往復させる制度がありました。この道中行列を「御茶壺道中」と呼んでいました。童謡の「ずいずいずっころばし」の歌詞は、この御茶壺道中に由来していると言われます。「茶壺に追われてトッピンシャン」は、粗相があれば処罰必至の庶民が戸を閉めて、家の中で生きをひそめている様子を、「抜けたらドンドコショ」は、行列が通過して、ほっとしている様子を歌っていると言います。

端午（たんご）の節句
菖蒲（しょうぶ）の節句●5月5日

5月の行事といえば端午です。端午は男児の節句だと言います。鯉のぼり・吹き流しを揚げ、鎧や弓・太刀などの武具、武者人形や金太郎の童人形を飾ります。男児のいない家庭でも粽（ちまき）や柏餅を食べます。端午は菖蒲の節句とも言います。花屋には大輪の花菖蒲が並び、家庭でも銭湯でも菖蒲の葉を浮かせた菖蒲湯をたてます。端午と男児の節句、粽や菖蒲などとはどのような関係があるのでしょうか。

起源・いわれ

端午はもとは古代中国の風習でした。端は初めという意味で、午の月＝5月の初めの午の日を端午としていましたが、のちに5月5日になったものです。

古代の中国では5月は「悪月」とされていました。雨季に入るこの時期、野外に出て薬草を摘み、菖蒲や蓬（よもぎ）で門を葺き、蘭を入れた湯で沐浴しました。また、菖蒲酒を飲み、「競渡（けいと）」という船駆（ふなかけ）競争をするなど、種々の災厄祓の行事が行われていました。

これらは推古天皇の頃（7世紀初頭）日本の宮廷に伝えられました。この日、天皇と諸臣こぞって山野に出て、貴重な薬草を採集する技を競い合いました。

平安時代になると、天皇が御覧になる中で、武官による「騎射（馬に乗って矢を射る）」と、走馬が行われるようになりました。

鎌倉時代には野馬の乗鞍・巻狩りといった戦の演習行事や、流鏑馬（やぶさめ）が行われるようになり、端午に男児中心の行事が集中してくるもとになりました。

兜平飾り

習わし・風俗

◆鯉の滝のぼり

中国の山西省川津県と陝西省韓城県との間で、黄河が急流をなしているところがあり、「竜門」と呼ばれています。ここを昇りきった鯉は竜になると言われ、ここから立身出世の糸口となる関門を「登竜門」と称します。

◆鯉のぼり

鯉は「登竜門」の故事から、男児の栄達のシンボルとされています。これを祈る気持ちの表れが、鯉のぼりです。飾る順番は上から、吹き流し、真鯉、緋鯉、子どもの鯉となります。吹き流しの青・赤・黄・白・黒の5色は、木火土金水の五行を表し、邪気を祓う力を持つとされます。

鯉のぼり

◆柏餅・粽

柏の葉は旧暦の5月に新芽が出てきます。柏には新芽が出てくるまで、古い葉が落ちないという特徴があり、ここに家・生命の連続の意味を込めて、柏餅を食べます。

粽は糯米や米の粉を、真菰、茅、笹などの葉に包んで蒸したものです。江戸時代以降、葛、羊羹、外郎を包んだ菓子粽も作られ、端午の行事食になっています。

> **コラム**
>
> 【屈原と競渡と粽】　中国の戦国時代、楚の国に屈原（前332〜295）という貴族がいました。王への諫言が容れられず放浪し、楚国が秦国に滅ぼされると汨羅江（中国湖南省東部の大川）に身を投げたと言います。その日が5月5日だったと言い、多くの船が漕ぎ出して救おうとしたと伝えられています。また、屈原の霊が飢えないように、粽を作って淵に投じたとも言われています。中国湖南省では今でも、男性たちによる船駆が端午の恒例となっています。

2　4月〜6月

28 田植えと女性と菖蒲

「苗の植え初め、稲つる姫に参らしょう」

女性優位のカップルを、からかい半分で「かかあ天下」と言うことがあります。この言葉が大事な祭という意味になる日がありました。5月4日の夜です。この日を「女の夜」「女の宿」「葺き籠り」などとも言っていました。「女三界に家なし（女百になっても庵なし）と言うけれど、この日ばかりは家の畳の半分が女のものになる」という言い習わしもありました。では、家の畳のもう半分は誰のものになったのでしょうか。

起源・いわれ

旧暦の5月上旬は現在よりも約1カ月遅く、現在の季節感でいえば6月上旬でした。梅雨と田植えを控えて、精進潔斎を厳重にしなければならない時期でした。

宮廷では「五月の御精進」という邪気祓が行われました。菖蒲を屋根に葺き渡し、沈香や丁子、麝香などの香り高い薬物を絹布に包み、蓬や菖蒲を飾った上に五色の組糸を垂らした「薬玉」を柱に架け、延命長寿を祈りました。

薬玉

民間でも同じ習わしがありました。農村では田植え前の5月4日か5日の夜、女性たちが家に籠って物忌みをしました。田の神を迎えるためです。そのしるしとして菖蒲を屋根に葺き、田の神以外の者の侵入を防ぎました。女性たちは香り高い薬草で葺いた家に田の神を迎え、早乙女（田植女）となる資格を得たのです。

習わし・風俗

◆田植え祭

6月上旬から中旬の頃、島根・広島両県の山間部で昔のままの田植えが、観光行事として行われます。地域によって花田植え、囃田（はやしだ）、田囃子（たばやし）、田楽（でんがく）などと呼んでいます。

サンバイと呼ぶ田の神を祭り、背に幟（のぼり）を立て装飾を施した牛が田に入って代掻き（しろかき）をします。そこへサンバイ（田植えの音頭取り）に率いられた早乙女たちが入り、サンバイと掛け合いで田植え唄を歌いながら苗を植えていきます。夕方まで続き、その間男性の囃し方が笛・鉦（かね）・太鼓で囃し続けます。田植え唄は早乙女を「稲つる姫」と囃すことで、豊穣を呼び寄せようとします。

◆菖蒲湯

菖蒲湯に用いる菖蒲は、梅雨の頃、大輪の花の咲く花菖蒲（アヤメ科）ではなく、サトイモ科の葉菖蒲です。葉根にアザロン、オイゲノールという精油成分を含み、特有の香りがします。

5月4日か5日に花屋や八百屋、スーパーマーケットで購入します。4、5本まとめて、根本を束ね、水を張った浴槽に入れて湯を沸かします。

田植え祭

コラム

【雷・稲光・稲夫・稲つる姫】　雷から発する稲光をいなずまといい、稲妻の文字を宛てています。稲妻は稲夫と書くのが本来で、稲の夫という意味です。奈良時代の辞書には「稲夫（いなづま）　伊奈豆流比（いなつるび）」と注解しています。つるびは交合・交接の意味です。稲光は天から稲のもとへ通う夫であり、田にある稲はこれをうけて孕（はら）み、穂が膨らんでいくのです。

當麻寺練供養
極楽往生の野外宗教劇●5月14日

奈良県の二上山の麓にある當麻寺（7世紀創建）は、大和の古寺の中でもとりわけ侘びた風情の名刹です。この當麻寺で5月14日に行われる「當麻寺練供養」は、ある女性の往生のさまを視覚的に表現した、野外宗教劇とも言える行事です。

當麻寺は、奈良時代に作られた「當麻曼荼羅」を伝えることでも有名です。阿弥陀如来が多くの菩薩を従えて、臨終者のもとへ迎えに来る様子が描かれています。実はこの曼荼羅を織ったと伝えられる女性こそが、練供養の主役なのです。

起源・いわれ

當麻寺の縁起よると、曼荼羅を織りあげたのは、横佩右大臣藤原豊成（藤原鎌足の末裔）の娘・中将姫であると言います。姫は仏への帰依の志篤く、浄土教一千巻を書写して當麻寺に入り、尼となりました。この時生身の阿弥陀如来を観ずる志をたてこれに応じた阿弥陀が化身の尼を遣わし、蓮糸を紡ぎ曼荼羅を織りあげるよう告げます。

阿弥陀は13年後の往生を約束、その約束どおり、姫は4.5m四方の曼荼羅を織りあげ、宝亀6（775）年3月14日、二十五菩薩に迎えられて往生を果たした、と伝えられます。

絵本に描かれた曼荼羅を織る中将姫

中将姫の物語には時代が下るにつれて、発願以前の姫の半生記が付加されてきました。それらは、姫の出家を継母の嫉妬や策略による受難劇に仕立てています。そして、これらが浄土教系統の寺院で、當麻曼荼羅の絵解きに伴って語られてきました。これによって浄土思想を多くの人びとの間に浸透させていきました。

習わし・風俗

◆菩薩来迎、曼荼羅堂から娑婆堂へ

練供養は寺の縁起に基づいて演じられるもので、15世紀半ばの創始との記録があります。

境内最西端にある曼荼羅堂と、反対側の最東端にある娑婆堂との間に、約130mの来迎橋を架け渡し、練供養はここを往復します。

夕方4時、鉦の音と僧侶の読経の中、中将姫像を乗せた輿が娑婆堂へ渡ります。蓮華がまかれ、巨大な面をかぶり、煌びやかな衣装を着た二十五菩薩が、天童を先頭に娑婆堂へ進みます。この時、姫を救いあげるための蓮台を持った観音と、勢至・普賢の三菩薩が体を揺らしながら現れ、娑婆堂に入っていきます。姫は蓮台へと移ります。

阿弥陀如来来迎図
臨終者のもとへお迎えに

◆極楽往生、娑婆堂から曼荼羅堂へ

蓮台に乗った中将姫は観音以下諸菩薩に導かれ、薄暮の中、来迎橋を渡り曼荼羅堂に去っていきます。お練りの終了とほぼ同時刻、曼荼羅堂の真後ろに位置する二上山の双峰に夕陽が沈み始めます。

コラム

《釈迦仏と阿弥陀仏》 浄土思想では、人が死に臨んだとき、阿弥陀仏が迎えに来ると説いています。なぜ釈迦仏ではないのでしょうか。釈迦仏と阿弥陀仏とは、同じと言えば同じ、違うと言えば違う、微妙な関係なのです。釈迦は臨終のとき、自分を権威化することを強く戒め、教えだけを拠り所とせよ、と言い遺しました。阿弥陀仏は、この訓えを解かりやすくするために人格化された像だと言われます。阿弥陀と釈迦の見分け方は手を見てください。釈迦は両手を開き、阿弥陀は手印を結んでいます。

30 葵祭（あおいまつり）
「葵鬘の冠して（かずらかむりして）」●5月15日

祭といえば葵祭を指すほど、京都の葵祭は有名です。京都市北区上賀茂の上賀茂神社と、左京区下鴨の下鴨神社の祭礼です。平安貴族風の装束を身に付けた行列は、王朝絵巻さながらと言われます。祭には皇室から勅使が差し向けられ、祭員として参加します。勅使の様子を薄田泣菫（すすきだきゅうきん）が望郷歌の中で「葵かずらの冠して 近衛使の神まつり」と歌っています。葵かずらは勅使だけでなく、行列の人々全員が飾っています。どのようないわれがあるのでしょうか。

起源・いわれ

上賀茂神社の祭神は別雷命（わけいかずちのみこと）といいます。下鴨神社は、その母神である玉依姫命（たまよりひめのみこと）と玉依姫の父神・建角身命（たけつぬみのみこと）を祭り、上下二社併せて賀茂社と言います。欽明天皇の頃、疫病が蔓延したとき賀茂神の祟り（たた）と怖れ、勅使を遣わして祭を行ったのが最初だと言われます。

賀茂の神にはこのような話があります。玉依姫が賀茂川で拾った丹塗矢（にぬりや）を飾っておいたところ子が宿り、男の子が生まれた。建角身命が父の名を知ろうとして、七日七夜の酒宴を催した。子に杯を持たせて、父神と思う者に酒を進めよ、というと、杯を天に向かって捧げ、屋根を突き破って天に昇って行ってしまった。そこで、この子を別雷命と命名した。のちに母神の夢に現れて、葵の蔓（つる）を造り待てば再会が叶う、と告げた、と伝えられています。このお告げのあった日へタイムスリップするために葵を挿して祭を行います。

双葉葵　加茂御祖神社（下鴨神社）の神紋
祭神別雷神が、降臨した御形山（みあれやま）に双葉葵が生じたという故事に基づいて、祭員全員が葵をかざします。

習わし・風俗

◆御阿礼神事

祭に先立って上賀茂神社で「御阿礼神事」が行われます。阿礼は生まれるという意味で、神霊の出現を言います。みあれ所に、みあれ木を立て、白砂を円錐状に盛り斎庭とします。12日真夜中、冠に葵を挿した神職により神事が行われます。灯火を消し祝詞奏上の後、別雷命のみあれを迎え、神霊が榊に移され本殿に運ばれます。

◆葵祭

有名な大行列は午前、京都御所を出発します。総勢500人の祭列は勅使を中心とした、検非違使（武人）、蔵人（天皇の側近）たちの本列の後に、腰輿に乗った斎王代（一般から選出。賀茂神に奉仕した未婚の内親王の代理）たちの女人列が続きます。葵の葉で飾られた牛車、供奉の牛飼舎人（少年）など、古雅な味わいは勅祭ならではです。下鴨神社に到着すると、社頭の儀を行います。御幣物を献じ、勅使の祭文の後、馬を曳き回す走馬、舞が奉納されます。上賀茂神社でも社頭の儀を行い、夕方御所へ戻ります。

路頭の儀

コラム

【玉依姫】 玉依姫という名の女性は、一人ではありませんでした。三輪山の神の妻となった女性も、名を活玉依姫と言いました。文部省唱歌「青葉の笛」に歌われた平家の公達、敦盛には妻があって、玉依姫という名だったと伝わります。神話口碑民譚に至るまで多くの玉依姫が登場します。これは玉依姫が固有名詞でなかったことを語るものです。人にとって最も大切な魂が依り憑いて、命を生み出す女性、またその母性に与えられた名称が玉依姫でした。

31 神田祭
江戸っ子の誇り「天下祭」 ●5月12日～15日

神田祭は通称神田明神こと神田神社の祭です。300人余の時代行列の先頭は鳶頭連の木遣りです。巨大な千貫神輿、江戸時代からの伝統の諫鼓鶏山車、獅子頭山車などが、神田、大手町、日本橋を練り歩きます。氏子区域は旧江戸城をめぐって日本橋へ流れる川筋の北東部の町々です。文字通り江戸っ子による江戸っ子の祭です。「天下祭」の名に恥じません。どのような由来があるのでしょうか。

起源・いわれ

神田神社は大己貴命、少彦名命、平将門霊神を祀っています。

将門は桓武天皇の曾孫高望王の孫です。父の死後下総を根拠地として勢力を伸ばしました。後に関東八カ国の支配を意図して常陸国丁と衝突天慶3（940）年敗死しました。歴史に類例の少ない事件だったため、死の直後から多くの巷説が広まりました。特に多かったのは、将門の首をめぐるものです。神田神社の故地、神田橋御門芝崎（現在の大手町1丁目）はその一つで、将門の首を葬ったところと伝えられていました。

徳川幕府開府後の元和2（1616）年、現在地に移り、江戸城の鬼門を守る江戸総鎮守神とされました。

寛文3（1626）年には将門に恩赦（天皇による罪の許し）が下り、元禄元（1688）年に江戸城に神輿が入って、将軍・諸大名の上覧を得ました。そのため天下祭・御用祭の呼び名が与えられました。

獅子頭山車

習わし・風俗

◆神輿渡御(みこしとぎょ)

旧江戸城（現・皇居）の南には日枝神社があります。同社と神田明神はともに江戸城の守護社として、盛大に祭を行っていました。次第に華美・豪奢(こうしゃ)に流れ、幕府から指示を受けることが重なり、天和（1681〜1683）年間以降、隔年で行うことになっています。神田祭は西暦奇数年を本祭とします。

祭は6日間に及びます。初日と2日目に宮神輿と町神輿へ神霊入れが行われます。3基の鳳輦神輿(ほうれん)（祭神を奉安した宮神輿。屋根に金銅の鳳凰の飾りを付ける）は、3日目の朝、鳶頭連の木遣りを先頭に神社を出発、諌鼓鶏や獅子頭の作り物を乗せた山車、時代行列や町神輿が加わりながら、神田、日本橋、浜町、浅草橋、秋葉原30kmを練り歩きます。

鳳輦神輿

◆宮入(みやいり)　例大祭(れいたいさい)

4日目の宮入は、氏子町会の千貫神輿が本社境内に参入して、気勢をあげます。5日目には表千家家元によるしめやかな献茶式、最終日の例大祭では氏子108町の代表が神社拝殿に参拝し、巫女舞が奉納されます。

コラム

【将門の娘】　将門の娘、名を滝夜叉(たきやしゃ)と言います。本名はよくわからず、滝夜叉は芝居での名告(なの)りです。滝夜叉は、将門の残党詮議のために下向した使者を籠絡(ろうらく)しようとして発覚、妖術を使って大立ち回りの末、敗死します。百年ほど前までの日本人には、「滝夜叉」で通った伝説でした。そして、祭の山車にも登場させてきました。滝夜叉は御霊(ごりょう)（祟(たた)り神）として祭に出る資格保持者です。

32 三社祭
さんじゃまつり
海から上がった観音様●5月18日に近い金曜〜日曜の3日間

> 5月18日に近い金曜日から日曜日の3日間、浅草がごった返します。普段は観音様の蔭に隠れがちな浅草神社の祭が行われます。鳶頭の木遣り、芸者衆の手古舞、白鷺の舞、びんざさら舞、楽器、舞い手の綾欄笠など、めったに見聞できないものです。きりりと祭髪に結い上げた女性たちの男言葉も小気味よく、威勢のいい浅草っ子の祭です。観音様と縁の深い祭だと言います。どのようなゆかりがあるのでしょうか。

起源・いわれ

浅草神社は明治維新まで三社権現と言い、3月17、18日が祭礼でした。権現は、権化とか化現と同じ意味の言葉です。仏や菩薩が衆生を救うために、神に姿をかりて現れることを言いますこれが「三社」と言うのですから、三柱の神の姿となっているというわけです。

三神はかって人でした。名を土師真中知、檜前浜成・武成という主従3人です。この3人には霊妙な物語が伝えられています。推古天皇の御代のある年の3月18日、主従3人が宮戸川（隅田川の旧称）で漁をしていたところ、網に一寸八分（約5.4cm）の黄金の観音像がかかったので、草堂を造り、安置したと言います。この観音像が浅草寺の現本尊だと伝わります。3人の威徳を称えて三社権現として祀り、観音を拾い上げたという3月18日に祭を行ってきました。

海から上がった観音様

習わし・風俗

◆びんざさら舞

金曜日は午後1時から、鳶頭の木遣り、白鷺の舞、囃子屋台などの行列が練り歩きます。その後、神社拝殿と神楽殿でびんざさら舞が奉納されます。びんざさらは、10〜20cmの薄い木片に孔を開け、数十枚重ねて紐を通し、両端に付けた取っ手で打ち合わせる楽器です。これを鳴らしながら踊るびんざさら舞は、平安時代の田植え唄に伴う唄と囃子に、踊りと曲芸が加わった「田楽」という芸能の一つです。室町時代以降、専門集団によって、各地の社寺に伝えられ、神事、法会に奉納されてきました。三社祭では、つるみ舞といわれる雌雄の獅子の舞と、稲作の過程を表わした舞が行われます。

◆神輿渡御

土・日曜日は、浅草44ヵ町大小100基以上の町神輿と宮神輿3基の渡御があります。幕末まで、宮神輿は宮戸川を水上渡御していました。観音が川から上がった故事に従って、3人の主従の子孫と、大森・六郷（現大田区）の漁師たちが漁船を出して、供奉することが慣例になっていました。

びんざさら舞

コラム

【小さな神仏】 京の都で出世した一寸法師の背丈は、一寸でした。京の五条の橋の上で弁慶を降参させた牛若は、用明天皇僭居中の仮の姿だったとも言われます。五条の橋詰の五条天神は、前世では一尺八寸の小男でした。五条天神の宝舟のお札には、カガミ船（白い蓮の皮の船）が描かれています。カガミ船は、出雲の神の国作りを「まだまだ！」と批評した波の彼方の国の小人神の乗り物でした。文芸に見る限り尊きものは小さきもの、日本人のDNAのようです。

曽我の傘焼
東国一の御霊神を祀る日●5月28日

　建久4（1194）年5月28日、源頼朝が富士の裾野で催した巻狩の夜、篠つく雨の中、曽我十郎祐成・五郎時致兄弟が、父の仇を討つという事件がありました。本懐を遂げ、十郎は討ち死に、五郎は頼朝の尋問を受けた後、処刑されたと伝えられます。この曽我兄弟の慰霊祭が、毎年5月28日、小田原市の城前寺で行われます。近隣の人びと、研究者、取材陣、歌舞伎役者も恒例のように来寺して回向をします。祭は大量の和傘を焼くことから「曽我の傘焼」と呼ばれています。なぜ傘焼が弔祭の中心となるのでしょうか。

起源・いわれ

　仇討ちがあってほぼ50年を経た頃、富士山麓を中心とした東国農村部一円に、瞽巫集団や念仏聖によって、兄弟の物語が語り出されていました。それらは、兄弟の怨霊がより憑いて命を落とした、あるいは、気が狂い兄弟の口ぶりで冥界の苦痛を訴えた、などと怨魂の俳徊を語り、これへの追福回向を説くものでした。そのため兄弟は御霊として祀られるようになりました。とりわけ五郎は、ゴロウ＝ゴリョウの印象と、仇討ちが五月雨煙る田植え時期であったことから、農村にとって最大の祭である田植え神事での、禊・祓の対象となって、霊的性格を増していきました。

　田植え神事では笠が重要な祭具となります。田植え笠は、そこを目印に神霊と、疱瘡神・風水神・害虫、など、さまざまな邪霊が集まってくる依り代と信じられてきました。そのため、祭が終われば焼き、あるいは壊し棄てなければならないとされています。そうすることで祭の目的である禊・祓がはたされると考えられているのです。

「ゴロウ　ウマノリ　ダイコムチ」

習わし・風俗

◆小田原市城前寺、曽我の傘焼

小田原市曽我の里にある城前寺は、曽我兄弟の継父（母の再婚相手）の菩提寺であり、兄弟の他、母の供養墓もあります。

傘焼法要は午後行われます。五郎と十郎に扮した少年2人が、鬼王団三郎（兄弟の家臣）に扮した成人男性の介添えで、境内に積まれた和傘の山に松明の火を点火して焚き上げます。江戸時代すでに近在の人びとが、古傘を持ち込んでいたと言います。傘が瘡に通じることから、疱瘡除けを祈願したとも伝えられています。

鬼王団三郎の介添えで傘を焼く五郎

◆鹿児島市、曽我どんの傘焼

鹿児島市加治屋町甲突川の河畔で古傘を燃やし、保存会による技刀法や剣舞の披露があります。旧薩摩藩には「郷中教育」という教育システムがありました。異年齢による子ども集団の中で、学習やディスカッションを行い、上下関係と友人関係を築いていきました。この中で曽我兄弟の慰霊祭が伝承されてきました。

◆4月〜6月

コラム

《ゴロウ　ウマノリ　ダイコムチ》　歌舞伎の『矢の根』の幕切れに、夢に兄十郎の危機を知った五郎が馬に乗って駆け付けるという場面があります。このとき五郎は通りかかった馬子の引く裸馬を分捕り、背中に積んだ大根を鞭にするのが約束事です。

『矢の根』は江戸の新春の祝福芸能として初演以来幕末まで、正月に必ず演じられてきました。諸国農村から寄り集まった人びとの暮らす大都市の年中行事でもあったわけです。因みに先の場面、昭和10年代の子ども向け絵本にまで踏襲され、「ゴロウ　ウマノリ　ダイコムチ」の場として知られていました。

34 更衣（ころもがえ）
心と体のため、暮らしに目盛を ●6月1日

6月1日になると学校の制服が一斉に夏服に替わります。実際の気候からは少し遅いのですが、工夫しながらこの日を待っています。白いシャツ、ブラウスは清々しく夏を感じさせます。慶弔でのきものを着る場合を除けば、厳密な約束事のない現代ですが、制服の取り替えだけはきちんと守られています。夏服を冬服に着替えるのは10月1日と決まっています。昔の人たちは衣服の取り替えをどのように行っていたのでしょうか。

起源・いわれ

季節の変わり目に衣服や室内の装飾・調度を取り替えることを更衣と言います。平安時代の宮中に始まり、現代まで続いている慣習です。

平安時代宮中では4月1月を更衣、10月1日を後の更衣としていました。4月1月には、「生絹（すずし）」という、生糸を織ったままで練っていない、軽く薄い絹で仕立てた、裏地の無い衣服（単衣）に取り替え、後の更衣には、「練絹（ねりきぬ）」に裏地を付けた衣服（袷）に替えました。練絹は砧で打つか、灰汁で練って柔らかくした絹で保温性があります。室町時代以降、さまざまな織物・衣服が加工されるようになり、寒暖に対処した更衣が可能になりました。

下記表は明治時代までのおおよその更衣の決まりを示したものです。

※①小袖/袖口を絞った衣服　②帷子（かたびら）/単衣　③練貫（ねりぬき）/経糸を生糸、横糸を練り糸で織った絹

【更衣の決まり】

暦日　時代	初夏 4月1日	仲夏 5月5日	晩夏 6月1日	仲秋 8月1日	晩秋 9月1日	晩秋 9月9日	初冬 10月1日
平安以降宮中	生絹単衣						練絹袷
室町武家 男女	袷小袖① 袷小袖	帷子② 生絹と練貫の袷③	帷子	生絹と練貫の袷	袷小袖 袷小袖	綿入小袖 綿入小袖	
江戸武家	袷小袖	帷子			袷小袖	綿入小袖	

習わし・風俗

◆きものに残る更衣

明治時代になると制服を着る役人や軍人が誕生しました。6月1日から麻の制服を着用し、10月1日に秋冬春3シーズン着用のものに替えました。現在の学校の制服の更衣は、これを踏襲したもののようです。

現在でも、きものの更衣はかなり厳密です。①10月1日～5月末…袷（あわせ）②6月1日…透けない布地の単衣（ひとえ）③7月1日…麻・絽（ろ）など透ける単衣 ④9月1日…6月1日に同じ。

※浴衣は湯帷子（ゆかたびら）の略称で、入浴の時や湯上りに着た単衣が、江戸時代に普段着となったものです。

◆梅雨（つゆ）じたく

現在は一般には、日付にとらわれず気候に合わせて衣服の取り替えを行っています。6月上旬は1年のうちでも特に爽やかな季節です。梅雨に入る前の、黴（かび）や害虫を防ぐための仕事にもってこいです。タンスやげた箱の整理、カーテンの洗濯、敷物、クッション、寝具を干し、床・畳を拭くなど、普段はできないことをすれば、気持ち

学制服も夏用に

家の中も夏支度

コラム

【青梅】 梅雨のはしりの頃を青梅雨と言います。青梅雨の訪れとともに青梅が店頭に並びます。熟していない梅の実は、青酸配合体アミダリンを含むため、生食には向かず、梅干し、梅酢、梅酒などに加工します。梅酒は、水に漬けてアクを抜いた青梅と氷砂糖を広口瓶に入れ、焼酎を注いで作ります。琥珀色になってから、冷水やソーダで割って飲みます。クエンサンが豊富で、整腸作用があり、疲労回復効果が高いため、暑気払いにもってこいです。

35 氷の朔日(ついたち)

「蛇と蚊の出るは駒込の六月」 ●6月1日

> 6月に入ると和菓子店に「水無月(みなづき)」が並びます。外郎に、甘く煮た小豆を散らした三角形の菓子です。発祥地の京都では、以前には6月晦日(みそか)の夏越(なごし)に食べていましたが、現在は6月中何度でも食べるそうです。なぜ6月の菓子なのか、また、どうして三角形なのかについては、ふたつの説があります。ひとつは夏越の祓(はらえ)に使われる御幣(ごへい)の先の形に由来するという説です。もうひとつは、盛夏に宮中へ献じた氷室(ひむろ)の氷を模したという説です。

起源・いわれ

旧暦6月は現在の季節感でいえば7月でした。寒い土地でも田植えは終わり、稲の成長を祈りつつ、暑さの峠を迎える時期です。連日の暑さは跳梁(ちょうりょう)する悪霊(あくりょう)・疫神(えきじん)を想像させて余りあります。そのため、祓が6月行事の中心になってきました。民間では15日に祇園祭を行い、晦日に夏越を行ってきました。1日は、いわば祓月の初日であり、年間の大きな節目の日でした。

この日を忌み日とするところから、さまざまな習わしが育まれてきました。例えば、この日には蛇が皮を脱ぐが、人間も同じだと言います。あるいは、この日桑畑へ行くと魂が抜け出てしまう、それでこの日を「衣脱(きぬぬ)ぎ朔日」と呼ぶと言われてきました。衣脱ぎ朔日には固い物を食べると良いと言い、正

菓子の水無月

月の鏡餅や小正月の餅花を食べ、これらの餅を「氷餅(こおりもち)」と呼びます。ここからこの日は「氷の朔日」とも呼ばれてきました。そして、「氷餅を食べてからなら桑畑へ行っても無事だ」などと言い習わしてきました。

習わし・風俗

◆氷室祭

奈良市春日野の氷室神社で献氷祭が行われます。同社の祭神は、朝廷の氷室であった闘鶏氷室（奈良市山ノ辺）の守護神を祀ると言われ、仁徳天皇に氷を献じたことに由来する祭だと伝えられています。

◆歯固め

保存しておいた正月の鏡餅や小正月の餅花、あられや炒り豆を食べます。固い物を食べて歯の根を固めれば、夏バテ防止になると言われます。

◆駒込の麦藁蛇

6月30日と7月1日の2日間（もと旧暦6月1日）、東京都文京区本駒込の駒込富士神社で山開きが行われます。祭の目玉は「麦藁蛇」です。頭と胴体を麦藁で編み、ヒバの枝に飾りつけた縁起物です。6月1日に桑の木の下に行くと、蛇が皮を脱ぐのが見えるという言い習わしに因んで、宝永頃（18世紀半ば）から頒布されてきました。当時の川柳に「蛇と蚊の出るは駒込の六月」と詠われています。この時期に意識された水魔除けの守り神といわれています。

厄除神龍（麦藁蛇）

> **コラム**
>
> 【江戸のパワースポット】　駒込富士神社のもとは本郷にありました。境内の小山の上に大木があって、ある年の6月1日にこの木の下に雪が降り積もったことがありました。以来、この木の下に入ると必ず祟りがあると噂になったため、ここに富士権現を勧請します。その後この土地は前田家の屋敷になったのですが、ここには氷室があり、6月1日に将軍に氷を献上するのが恒例でした。前田家ではその残りの氷を庶民に振舞っていました。「加賀様の雪振舞」と言って、江戸庶民の待ち焦がれる年中行事でした。

36 鞍馬の竹伐
山伏の験競べ●6月20日

　京都鞍馬山といえば、牛若丸が天狗から兵法を授かった山として知られています。鞍馬山には他にも伝説があります。本堂の真上にあたるところにある小さな池に、大きな蛇が棲んでいると言うのです。大蛇はもと雌雄2匹でした。ある時、鞍馬山開山峰延上人の修行中に大蛇が現れて邪魔をしたので退治したが、雌蛇は助けた。その時、鞍馬山に水を出すことを誓わせた、と言います。この故事によるという祭が6月20日に行われます。「鞍馬の竹伐」と呼ばれ、京都観光の季節のメイン・イベントになっています。

起源・いわれ

　竹伐は、山伏に扮した伐り手が二手に分かれて、青竹を伐る技と遅速を競う行事です。由来は諸説ありますが、最も有力なのが水神祭と見る説です。

　水神はその土地の地主神です。田に水を与えるとも龍蛇の姿で現れて生贄を求めるとも言われてきました。つまり、人間に恵みをもたらすこともあれば、災いを及ぼすこともある二面性を備えた存在です。峰延上人が退治した雄蛇は、言うならば、水神が恐ろしい面を見せた姿で、竹伐はその調伏儀礼を伝えるものだとされます。

　これに対して、仏教民俗学は、山伏の験競べをルーツと見ます。験競べとは、山伏同士で修行中に得た験力を試すものです。単に腕力や脚力を競うのではなく、神意がどう出るかを窺う「誓約」として行われていました。鞍馬の竹伐は、このような超人的力を競うのがもとであったものが、のちに技術力を競うものに変化したと言われます。

鞍馬の竹伐

習わし・風俗

◆池の巳さん

本堂のうしろに小さな滝が、本堂の真上にあたるところに小さな池があります。この滝と池は、京都の水源の一つと信じられています。池には雌の蛇が棲むと言われ、「巳さん」と呼ばれています。この巳さんに頼めば田畑の水、飲み水の保障は勿論、その聖なる水で病気も治してくれると言います。飲食業者や食品の製造に携わる人々に信仰され、池の周囲は供物で埋まります。

◆竹伐

6月18日、本堂に雌竹4本、雄竹4本（各青竹）を釣り、19日夜、貫主が秘法を修します。20日、山伏の正装をした伐り手が、山刀で雄竹、雌竹を伐ります。竹は東方は近江方、西方は丹波方とされており、早く伐った方が豊作になると言われています。伐り手は明治期に修験道が廃止されるまで、代々鞍馬法師の子孫が務めてきました。

歌舞伎の演目「押戻」

> **コラム**
>
> 【《悪霊調伏の形》】歌舞伎の演目に「押戻」というものがあります。独立した演目ではなく、『娘道成寺』や『女鳴神』の幕切れに、女形がそれまでの艶な姿を一変させて、奇怪な姿を顕したところで出て来ます。何をしに出て来るかというと、舞台の悪霊と化した主人公が花道へ来ようとするのを押し戻して、めでたく舞台を納めるために、出てきます。その扮装は、小手脛当、腹巻に大どてら、三本太刀に蓑笠をつけ、高足駄を履き、青竹を持つのが決まりです。超人的な力を持った僻邪神の象徴化と言われています。

夏越(の祓)

「みそぎぞ夏のしるしなりける」●6月晦日

百人一首に「風そよぐ ならの小川の夕暮れは みそぎぞ夏のしるしなりける」という歌があります。この歌はいつ頃の季節を詠んでいると思いますか？ ①初夏 ②盛夏 ③晩夏。参考までに口語訳すると、こうなります。「楢の葉に風が吹いている、このならの小川の夕暮れは、もう秋だけれど、みそぎをしているのを見れば、まだ確かに夏なのだなあ」。正解は、③ですね。ならの小川のみそぎとは、どのようなものだったのでしょうか。

起源・いわれ

平安時代、宮中では6月と12月の晦日に大祓を行っていました。大祓は、人々が知らず知らずのうちに犯してしまった過ちや、体に蓄積した穢れを祓い清めることが目的でした。「禊」ともいいます。次第に12月の方は廃れて、6月の祓だけになりました。

旧暦の6月は夏の最終月であるため、6月の祓を「夏祓」「夏越」と言いました。「なごし」は、心が安らいでいるという意味の「和し」が語源だとも言います。夏越は貴族の住まいや河原でも行われていました。宮中での夏越は室町時代には廃絶しており、神社や民間に受け継がれていきました。当時の作歌手引き書であった『古今和歌六帖』に載る「水無月の名越の祓する人は千年の命延ぶというなり」という歌は、現在も夏越行事で唱えられています。

形代
紙の人形で、禊や祓に用います。体を撫でて災いを移し、川に流したり、氏神様の境内に納めたりします。

習わし・風俗

◆茅の輪くぐり

夏越の方法は「形代流し（人形流し）」と「茅の輪くぐり」とがあります。形代流しは人の形に切った白紙で体を撫で、息を吹きかけた後、水に流します。茅の輪くぐりは、茅や藁で作った大きな輪を通り抜けて厄祓をします。真上から見て8の字を書くように、左回り→右回り→左回りと、3度繰り返します。このとき、唱え言をします。ひとつは前に紹介しました。続けて「思うこと　みな尽きねとて麻の葉を　きりにきりても祓えつるかな」と唱えます。短く「蘇民将来　蘇民将来」という唱え言もあります。

茅の輪

◆蘇民将来の護符

寺社によっては「蘇民将来の子孫」と書いた小さな茅の輪や、護符を授与するところがあります。正月に年神を迎えるまで玄関に張り、また軒先に吊るして厄除けとします。蘇民将来は、武塔神という祇園社の神に宿を貸した好意によって、子々孫々、疫病から免れさせようと約束された貧者の名前です。

> **コラム**
>
> 【茅の輪の由来】　ある時、北の海にいた武塔の神が、南海の神の娘に求婚するために旅をしていた途中、日が暮れてしまった。その土地に住む兄弟に宿を乞うたところ、裕福な弟は拒否したが、貧しい兄の蘇民将来は歓待した。数年後再来した武塔の神は、蘇民将来の娘に茅の輪をつけさせ、疫病から身を守る方法を教えた。そしてその夜のうちに、蘇民将来の弟一家を全滅させてしまった。ここから茅の輪を身につける習わしが始まったと言われています。

38 七夕
星に願いを●7月7日

7月といえば七夕です。笹竹に紙で作った投網、巾着、着物などを吊します。五色の短冊に叶えたい願い事を書きます。家族が健康でありますように、学業、仕事でいい成績がとれますように、恋人ができますように、お金持ちになりたい、持っている人は、もっと欲しい！ いろいろな願いを織姫と彦星に托します。この日は素麺やうどんを食べるという家庭が多いようです。七夕と願い事、うどんや素麺とはどのような関係があるのでしょうか。

起源・いわれ

七夕に願い事をするのは、中国の七夕伝説と乞巧（裁縫や刺しゅうがうまくなるよう祈る）の習慣が伝えられたのが始まりです。

伝説の普及には、山上憶良が一役買っていました。憶良は遣唐使の一員として唐へ渡り、帰国（707年ころ）後、七夕の歌12首を詠み、貴族社会に七夕伝説を紹介しました。

牽牛・織女の恋を地上の男女の恋に擬え、それが年に1度であるという悲哀を歌に托しました。以後、300年にわたって、二星に悲喜こもごもの歌を供える習わしが続きました。

唐では乞巧奠という女性たちの風習がありました。五色の糸を通した金銀の7本の針、酒、瓜などを織女に供え、機織りや裁縫の上達を願いました。この習慣が8世紀頃、日本の宮廷に伝わり、次第に貴族の私邸でも盛んに行われるようになりました。二星に歌を手向ける習わしと相俟って、願いを托す日となったのです。

江戸時代の絵本に描かれた七夕祭り
針に五色の糸を通し、星に願いを

習わし・風俗

◆七夕飾り

　笹竹を2、3日くらい前に用意して、願いを書いた五色の短冊と、五色の紙で作った（または糸を束ねた）吹流しや投網などを飾り付けます。紙飾りは他に、折り鶴、巾着、くずかご、着物などがあります。これらと短冊とを合わせて、七夕の七つ飾りと言います。紙で作った着物は、七夕紙衣（かみごろも）と呼び、長野県松本地方を中心に長い伝統があります。また、織姫様にお貸しすると言って、着物の実物を吊るすことも行われています。七夕の貸し小袖という習わしです。

◆七夕を祝う素麺

　七夕には、天の川に見立てた素麺や冷麦を食べる習慣があります。江戸時代、女性たちが織姫に糸を供える「願いの糸」という風習があり、ここ

松本地方の七夕人形

に由来すると言われています。

　七夕には、本来、稲作より古い時代の畑作による農作物の収穫を祝う意味がありました。麦刈りの祝いとして「索餅（さくべい）」を食べてきました。小麦と米粉に塩を混ぜ、練ってひも状にしたもの2本を、縄を綯（な）うように編み、蒸すか茹でて食べました。その形から「麦縄（むぎなわ）」とも呼びました。これが素麺のルーツとも言われます。

> **コラム**
>
> 【天の川・船・楫（かじ）・梶（かじ）の葉】　鵲（かささぎ）の橋を渡って二星が逢い合うという物語のルーツは中国の民話です。日本で鵲の橋が登場するのは、平安時代の歌の世界でした。それ以前、二星はどうやって逢瀬を叶えていたのでしょうか。「彦星し妻迎え船漕（こ）ぎ出（い）だし天の川原に霧のたてるは」日本で最初に七夕伝説を歌った山上憶良の一首です。以来、彦星の漕ぐ船と、後に船の楫、さらに楫との音通（おんつう）から梶の葉が加わって、七夕の歌を詠むときの一つの「型」となりました。

七夕の雨、七夕の水

「たとえ三粒でも降るがよい」雨を乞う習わし

文学者の安東次男氏が、少年時代の七夕の思い出を書き留めています。「七日の朝になると、供物や竹を川へ流しに行った。これは、七月七日生まれの少年にとっては、せっかくの誕生日の祝を事前に流されるようなもので、大いに不満があった」(『花づとめ』より)。今、家庭で笹飾りを流すことは、まずありませんが、社会教育や地域観光の場で、伝統的七夕流しとして行っているところがあります。星祭とは違った意味がありそうです。

起源・いわれ

実は日本には、神のために機を織る「棚機津女(たなばたつめ)」信仰がありました。

棚機津女は人里離れた水辺の小屋で、機を織りながら田の神を迎え、翌朝、神を送るときに、人々の災厄を持ち帰ってもらう、巫女の役目を持った女性でした。神が無事、穢(けがれ)を持ち帰ってくれるよう、稲への恵みの期待も込めて、雨を乞う習わしもあったらしく、農村では「たとえ三粒でも降るが良い」などと言い習わしてきました。

平安時代の宮廷では、祓(はらえ)のために「曝涼(ばくりょう)」(虫干し)を行いました。清涼殿(天皇常住の御殿)の庭に献饌(けんせん)のしつらえをし、酒、畑の物、山の物を供え、御物(ぎょぶつ)や調度の払拭(ふっしょく)を行いました。貴族の女性の間では、「河原節供(かわらせっく)」が行われていました。早朝、賀茂川へ出かけ髪を洗い清め、河原で食事をし、琴を弾いて棚機津女に捧げました。

笹飾り
五色の短冊に願いを書き、笹竹に結んで、川や海に流していました

習わし・風俗

◆七夕流し

神奈川県中郡大磯町では、七夕竹を海に流す「七夕流し」が行われています。8月5日夜、子どもたちが町の施設に集まり、五色の短冊に芋の葉の露ですった墨で「七夕」「天の川」などと書き、笹竹に結びます。6日夕方、笹竹を束ねて竹神輿を作り練り歩き、7日早朝、沖へ泳ぎ出て竹神輿を流します。

◆七夕と瓜

七夕には瓜、西瓜、南瓜、胡瓜、大豆、枝豆、芋のつるなどを供えます。特に欠かせないのは瓜です。七夕様は「初物が好きだから」と言って、わざわざ熟していないものを用意したりします。瓜は日本の七夕昔話にも登場します。瓜を切ったばかりに水があふれ出して別れ別れになったと語るものが多く、「七夕に瓜喰わぬ」の諺も生まれています。瓜は水に浮かぶため神聖さを感じさせます。水との連想から水神の象徴とも見られ、清めの水をもたらすものとして七夕に必要な供物とされています。

七夕の供物

> **コラム**
>
> 【伝統的七夕キャンペーン】「七夕病中」と注のある一茶の句「うつくしや障子の穴の天の川」は、病気療養中の一茶の脳裏に浮かんだ懐かしい天の川でした。いま、日本の夜空は人工の光でいっぱいです。多くの人々にとって、天の川はお話のものでしかないのではないでしょうか。そこで国立天文台では、2001年から、旧暦で計算した「伝統的七夕」の日を広報し、ライトダウンを呼びかけ、都会の子どもたちに星に親しむ機会を提供する活動を続けています。

40 土用の丑

鰻養生は万葉の昔から ● 7月20日～8月7日ころ

7月下旬になると図書館に「曝書のため休館」の張紙が出ることがあります。寺社では曝涼を兼ねて、秘宝を一般公開するところがあります。家庭で衣類を風に当てるのもこの時期です。土用干しという習わしです。手紙・はがきによる暑中見舞いは、立秋前の18日間に出すもので、土用見舞いとも言います。土用の丑の日には「う」のつくものを食べると良いとされ、その代表格が鰻です。土用とは何なのでしょうか。

起源・いわれ

土用は年に4回あります。立春・立夏・立秋・立冬の前の各18日間を言います。今は一般に立秋の前の夏の土用を指します。

土用は中国の五行説からきたものです。古代中国の哲学者たちは、一切の物事現象は木火土金水の5つの気の働きによると考え、物事現象を5つに分類しました。例えば動物を分類して、木＝犬、火＝羊、土＝牛、金＝鶏、水＝鹿 としました。これが、身体(病)では、木＝皮、火＝筋、土＝肉、金＝骨、水＝脈 となります。さて、四季です。四季に五気をあてはめようとして、木＝春、火＝夏、金＝秋、水＝冬としましたが、土が残ってしまいました。そこで春夏秋冬それぞれの終わりから18日づつ削って、この期間を土気の働く期間としました。これが土用です。

土用うなぎ、土用しじみ
昔から「土用しじみは腹薬」と言われ、夏の旬に食べると、栄養価も高く、疲労回復などに良いと言われている

習わし・風俗

◆土用干し

漬けている梅干しを干したり、ドクダミ、センブリ、ゲンノショウコなどの植物を摘み、強い日差しに当て薬草を作る風習があります。本や掛け軸、絹・カシミア・ダウンなど虫のつきやすい衣類に、風を通します。もと七夕に行われていた「曝涼」に由来します。

◆土用の丑

土気は動物では牛にあてはめられます。これに丑を重ねて厄祓いの意味を強調したものが、「土用の丑」です。滋養食、温泉浴、水浴び、お灸、建築・土木行事を避けるなど、衣食住全般で養生や禁忌が言われてきました。中でも、土用鰻はすでに国民食といえるほどです。万葉集に「夏瘦せによしというものぞ　うなぎ取り召せ」という大伴家持の歌があり、古代から滋養食として食べられていたようです。

なぜ土用の丑の鰻なのかには、平賀源内（1729〜1779年）仕掛け人説が有名です。本草学（植物・動物・鉱物の学問）者で戯作者でもあった源内が、鰻屋に看板書きを頼まれて、「今日は丑」と書き大当たりを取った、という話があります。

梅干し

薬草干し

土用干し

> **コラム**
>
> 【胡瓜封じ】　土用になると「胡瓜封じ」を行う寺があります。胡瓜に梵字を書いて真言加持によって、病気や悩みごとを封じようとする風習です。以前には持ち帰って家の庭先に埋めていました。なぜ胡瓜なのでしょうか。この習わしは、実は水無月（旧暦6月）の川祭りと同じものなのです。川祭りに水神や荒神や牛頭天王（祇園さん）に供えると言って、胡瓜を川に流します。東北地方では尻のねじれたヘボ胡瓜を河童胡瓜言って川に流すものだから、食べてはいけないことになっています。供物のように言われますが、元は瓜やひょうたんと同じように胡瓜の中空に邪霊を移して川に流し去ってしまう習わしです。

お盆

亡き人を迎える心と形 ● 7月13日〜15日／8月13日〜15日

七夕が終わる頃からスーパーや花屋に仏花が溢れます。日頃は見かけない溝萩、鬼灯、蒲の穂等が並びます。同じ場所に盆棚セットが置かれています。真菰筵・苧殻・蓮の葉、藁の牛と馬などがパッケージされています。お寺から施餓鬼会の案内が届く家庭もあります。13日夕方には家の前で小さな火を焚く光景が見られます。お盆と溝萩や鬼灯、藁の牛と馬、また火を焚くことなどとは、どのような関係があるのでしょうか。

起源・いわれ

盆は『仏説盂蘭盆経』という経典がもとになって生まれた行事です。「盂蘭盆経」の主人公は釈迦の十大弟子の一人、名を目連と言います。神通力を持っていた目連は、ある時亡き母が餓鬼道（飢えた鬼に生まれ変わった者の世界）に墜ちているのを発見しました。釈迦に教えを乞うと、僧侶たちが修行に籠る期間が明ける7月15日に、僧侶たちを御馳走でもてなし、回向を頼むよう諭され、教えに従って母を救った、と言います。また大勢の僧侶たちによる回向は、人々の現在の父母、過去七世の父母に及ぶと教えられたと言われます。

「盂蘭盆経」は「孝」の理念が重んじられていたため、中国で広まり6世紀前半には盂蘭盆会が行われていました。日本にも早く伝えられ、推古天皇14（606）年、諸寺で法会が営まれたのが最初と伝わります。

迎え火

習わし・風俗

◆盆棚は先祖霊をもてなす食膳

盆を迎える準備は仏壇の掃除から始まります。仏壇・仏具を清め、盆棚を用意します。仏壇は祭壇ですから、そのまま盆棚としても何の問題もありません。別に設けるときは、台や座卓の上に真菰を敷き、野菜・果物・素麺・うどん・団子などを供えます。真菰は祭典に用いる敷物で、食物を乗せるものを食菰といいます。茄子、胡瓜に芋殻の足をつけて、先祖霊の乗り物を作り、盆棚に供えておきます。

盆花として昔から用いられてきたのは、桔梗、山百合、鬼灯、溝萩など蕾や花が袋状の植物です。溝萩は、花穂に水を含ませて仏前を清め、蕾や花を精霊の招代（精霊を招きよせるところ）とします。

◆迎え火は先祖霊のための標識

先祖霊を迎える仕度ができたら、13日夕方迎え火を焚きます。門口で芋殻を焚き、藁の牛馬と団子で精霊を迎えます。馬には精霊を、牛には精霊の荷物を乗せると言います。

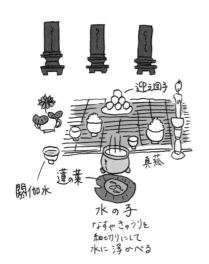

精霊棚

> **コラム**
>
> 【鬼灯の役割】　先祖霊は、祭ってくれる者のない無縁仏や餓鬼と一緒に帰って来ると言われます。餓鬼は地面から這いあがって来る地這霊とされ、供物を盆棚とは別に、庭先の低い場所に置いたりします。餓鬼は明るさが苦手だから灯明は点けない、その代わりに鬼灯を供えて道標にすると言われます。ほおずきに「鬼灯」という字を宛てているのもそこからだと言います。

42 盆踊りと送り盆

お精霊さんとの過ごし方●7月15日／8月15日

7月14、15日の盆を中心に贈答を交わす習慣があります。両親、友人、知人など、日頃お世話になっている人に、お中元として贈ります。地方では8月盆のところが多く、会社や官公庁も盆休みになります。盆休みには多くの人々が帰省します。親族、旧友たちと再会し、祭や盆踊りに参加します。このために帰って来る、このために1年働いている、などという声も聞かれます。お盆とお中元や盆踊りとは、どのような関係があるのでしょうか。

起源・いわれ

盆は仏教色の濃い行事です。それとともに、日本にもとからあった先祖祭との関連も無視できません。先祖祭は年に2度、初春と初秋の満月の日に、子孫を訪れる先祖霊を迎えてともに過ごし送り出す行事です。それが、7月15日、父母・先祖への供養という点を介して、仏教の盆と結び付きました。中心になるのが15日満月の下で行われる盆踊りです。仏教の作法で諸霊を迎え、これまでしてきたように諸霊と一体になって踊り、冥土へ送ります。

江戸時代になると、さらに、中国の民俗信仰である道教の「中元」の習慣と結び付きました。道教では1月・7月・10月それぞれの15日を、上元、中元、下元として、天神、地神、水神を祀ります。中元に地の神を祭ることは、次第にこの日に贈り物をすることを意味するようになり、生きている者同士の交流の日となったのです。

櫓の元は先祖を祭る祭壇

習わし・風俗

◆盆踊り

盆踊りには、輪踊りと行列踊りの2つのタイプがあります。郡上踊りとして有名な郡上市八幡町では、櫓を組んで輪になって踊ります。輪踊りは町内自治会主催の盆踊りでも主流です。徳島の阿波踊りや、亡者踊りと呼ばれる西馬音内盆踊り（秋田市羽後町）は踊りながら集団で練り歩きます。もとは一つで、地域を彷徨する亡霊たちを踊りの輪に巻き込んで、交歓の後、先祖霊とともに送り出すことが目的でした。富山市八尾のおわら風の盆では、踊りながら流し、辻々でひと踊りして、また練り歩きます。

◆送り火

盆踊りの行われる15、16日は送り盆です。送り火を焚き、先祖霊が冥土へ帰る足元を照らします。地方によっては、集団で大きな篝火を焚くところがあります。京都の五山送り火が有名です。灯を点した燈籠、盆の供物を乗せた藁船を水に流す燈籠流し、精霊流しなど、灯火や船を依代として諸霊を送り出します。

精霊流し

3 ◆ 7月〜9月

> **コラム**
> 【夜目遠目笠の内】 「夜目遠目笠の内」が美しいのは、女性だけではないようです。盆の踊り唄の「お夏清十郎」に「向い通るは清十郎じゃないか　笠がよう似た菅笠が」と唄われた男性は、その菅笠かぶった旅姿が懐かしさを誘ってやまないのでした。盆踊りの踊り手は一様に笠をかぶります。笠は異界のものであることを示す衣装です。迎えた先祖霊や懐かしい人の霊と、現し身とが一体となって踊るわけです。櫓は盆棚の象徴とも言われています。

43 祇園祭（ぎおんまつり）

祇園（天王）さんは最強の祓神（はらえがみ）　●7月中

京都の夏は祇園祭に始まると言われます。東山、八坂神社の祭です。7月1日から約ひと月にわたって行われます。呼び物は17日の山鉾巡行（やまほこじゅんこう）。豪奢な彫刻とベルギー王立工場製のタピスリー、ペルシア・トルコ・中国の緞通（だんつう）、優雅な染物で飾られた鉾（ほこ）、中国・日本の故事来歴に基づく人形を乗せた山車（だし）、精巧な飾り金具など、それだけでテレビの特集番組が組まれるほどです。祇園祭はなぜこれほど豪奢で華麗なのでしょうか。

起源・いわれ

八坂神社は明治維新まで祇園社を名告り、祭礼を祇園御霊会（ごりょうえ）と言っていました。

御霊は祟（たた）る魂、災いを齎（もたら）す厄神を特別に「御霊」の文字で表わします。御霊は手厚く祀（まつ）れば、すべての厄災を免れ得る防疫神（ぼうえきじん）になるとして行われるのが御霊会です。祇園御霊会の始まりは、清和天皇貞観11（869）年に疫病が蔓延した時、矛を立て、神泉苑（天皇の遊宴のための施設）で神輿（みこし）洗いをしたのが最初だと言われます。天禄元（970）年以降、6月の御霊会として恒例化し、賀茂川の河原への神輿渡御（とぎょ）が始まりました。

次第に神輿に付随する山車・練りもの・囃子（はやし）が洗練され、室町時代には芸能も加わり、祭の形が整いました。

応仁の乱後の16世紀初頭、動乱の中で結束を固めた下京の商人たちが華麗な山車を出して、都市生活を守ってくれる神の祭として行うようになりました。

長刀鉾　山鉾巡行を注連縄切りによってスタートさせる稚児が乗っています

習わし・風俗

◆稚児がスタートさせる祇園祭

祭は1日の神事執行の打ち合わせ（吉符切）に始まり、31日疫神社夏越祓までひと月に及びます。10日には四条大橋のほとりで神輿洗いが行われます。祇園祭の本来である禊（みそぎ）の式です。13日には山鉾が発進する時、先頭の長刀鉾（なぎなたほこ）に乗って注連縄（しめなわ）を切る稚児が、立烏帽子水干姿（たてえぼしすいかん）で八坂神社に参拝し、五位の格式の位階を授けられます。「お位貰（くらいもら）い」という神事です。

久世の稚児　八坂神社社参を得て、神輿渡御がスタート

◆山（やま）と鉾（ほこ）

山鉾は16世紀以来町有で現在32基あります。「山鉾」とひとつのもののように呼ばれますが、正確には「山」と「鉾」という山車です。山には松を立て、文芸・口碑・民譚（みんたん）に取材したさまざまな人形を飾ります。鉾には高い心柱を立てます。松、人形、鉾柱はいろいろな厄神を招き寄せるための作り物です。そのため、できるだけ美しく、にぎにぎしく作ります。17日午前9時に巡行を開始、四条烏丸から河原町、河原町御池、新町御池のルートで八坂神社の氏子区域を進みます。

> **コラム**
>
> 【祇園の氏子は瓜喰わぬ　直参旗本胡瓜絶つ】　八坂神社の氏子は祇園祭が終わるまで、瓜を食べないと言います。瓜の切り口が八坂神社の御神紋に似ているからだそうです。江戸の直参旗本は胡瓜（きゅうり）がご法度だったと言います。胡瓜の切り口が公方様の御紋、三葉葵に似ているからだそうです。上の食べないものを下が食べるわけにはいかず、結果、侍は胡瓜を口にしなかった、とのことです。

44 原爆の日

「ノーモアヒロシマ・ノーモアヒバクシャ」 ●8月6日・9日

第二次世界大戦末期、1945年8月6日、広島に続いて長崎に、人類史上初の原子爆弾が投下されました。広島では10万人以上、長崎でも7万人を越す死者が出ました。その日を忘れてはならないことから、原爆の日が定められました。記念日とすると、祝い事のように感じられるため、原爆の日または原爆忌とされるのが一般的です。当日は、広島市で慰霊祭が行われます。また日本全土で、原爆投下の時刻に合わせて黙禱が捧げられています。

起源・いわれ

人類史上唯一無二の大惨禍が、広島ならびに長崎の原爆投下です。戦争に関して記憶すべき日は他にも多々ありますが、特に忘れてはならないのは、核兵器という、未曾有の大量殺戮兵器が現実に使用された日だからです。

2016年5月27日に、オバマ大統領が歴代で初めて広島平和記念公園を訪れ、原爆慰霊碑に献花し、被爆者と抱き合った。核兵器の廃絶を訴えた演説は人々の心を動かしました。しかし大統領のすぐ後には核兵器の発信装置が入ったカバンを持った付き人がいたと言われています。

傍若無人の国家が核兵器を持つとすれば、それに対抗せざるを得なくなります。しかし、もし一回でも核兵器が使われたら、敵の残った基地から報復されるのを防ぐために、敵を殲滅しないと、この核の連鎖は止まることがないのです。原爆の日は、この世界の矛盾を突きつけた日となっています。

あの日を忘れない、伝え続ける

習わし・風俗

◆広島市原爆死没者慰霊式並びに平和祈念式

8月6日に広島平和記念公園で、平和祈念式典が例年実施されており、内閣総理大臣も出席しています。他方、長崎でも、平和記念式典が行われています。長崎市の平和公園が会場です。式典の内容は同様で、原爆投下時刻に合わせて黙禱（もくとう）を捧げ、市長の平和宣言、また平和への誓いが述べられています。長崎の式典は原爆投下月日に合わせて8月9日となっています。

◆全国民の黙禱

毎年の式典として、平和祈念式は、大多数のメディアで報じられ、私たちもそれを映像を通して見ることになります。国民は、原爆投下の日時に合わせて黙禱を捧げます。また、その月日に合わせて、原爆、あるいは核兵器に関する特集番組が組まれることも少なくありません。これらの報道がなされることにより、核兵器の悲惨さがアピールされます。ところが現実は、核兵器がなくなるばかりか、ますます世界に拡散している状況が報告されています。その理由の一つは、一旦核兵器を持った国が世界で優遇される状況を、国連の常任理事国らが作ってしまっているからだ、とも言われています。

核兵器廃絶の願いは続く

コラム

【原爆と核兵器廃絶】　広島や長崎に投下された原爆を作るために、アメリカでは多くの科学者、企業が動員されました。ナイロン・ストッキングを開発したデュポン社も、原爆開発に協力した企業の一つです。アインシュタインも、初めは原爆製造に否定的でしたが、原爆を投下しないと、アメリカの死傷者が増えるとし、容認しました。核兵器廃絶と言うのは簡単ですが、言葉だけの平和への訴えでは、そうした人の心に届くことはないでしょう。

45 ねぶた、竿灯(かんとう)

これも七夕行事●8月上旬

東北の夏祭りといえば、ねぶたと竿灯です。弘前(ひろさき)ねぷた祭では大小70台の燈籠山車が登場します。大きな扇形のものには、日本・中国の英雄豪傑、古今の有名人物が描かれています。曳(ひ)き回されて、大きく淀むさまは壮観です。花笠をかぶった若い男女の跳人(はねと)とともに、笛・太鼓で練り歩きます。哀調を帯びた横笛の音色、重い太鼓のリズムは、東北の闇の深い夜にふわしいものです。大きな燈籠にはどのような意味があるのでしょうか。

起源・いわれ

ねぶたは8月1日から7日にかけて、青森県青森市・弘前市、秋田県能代(のしろ)市などで行われます。弘前市ではねぷたと呼びます。「佞武多(ねぷた)」の文字が宛てられていますが、「ねむた」からきた言葉で、ねむたは夏の盛りに襲ってくる眠気を言います。もとは、農作業が忙しくなる夏の終わりから初秋に、眠気や災厄を船や燈籠に乗せて川に流す「眠り流し」「七夕流し」という行事でした。

弘前ねぷた

現在見るような規模になったのは江戸時代からと言われ、他地方の祇園祭の代わりとして発達したものと言われています。弘前ではその起源として、坂上田村麿呂(さかのうえのたむらまろ)が蝦夷(えぞ)征定の時(801年)人形に人を隠し、囃子に合わせて川に送り、これにおびき出されてきた敵を降参させた、その故事から生まれた祭だとされています。

習わし・風俗

◆弘前ねぷた

　弘前ねぷたまつりは1日〜4日の午後7時過ぎから弘前城公園に近い土手町コースを、5日〜6日に駅前コースを巡行します。「七ヶ日」と呼ばれる最終日は、巡行のあと祭の参加者が散っていく納め運行で、「ねぷたーの戻りこ」と囃しながら歩きます。以前には「ねぷた流れろ豆の葉とまれ」と唱えていました。「豆」は畑作物の豆に、まめである（丈夫で働ける）という言葉を懸けています。悪しきものあっちへ、良きものこっちへというまじないです。

◆秋田竿灯

　8月3日〜6日秋田市の中心地で行われます。竿灯は、長い竿を十文字に組み、いくつもの提灯を船の帆のように吊します。提灯の数によって幼若、小若、中若と呼ばれ、大若になると重さ50kg、提灯46個を吊るします。しなる竿灯をバランスよく額から肩、腰へと移して技を競います。「生えたさあ　生えたさあ」と囃し、五穀豊穣を祈ります。ねぷたと同じように、もとは7月7日に行われた「眠り流し」という行事でした。

秋田竿灯

> **コラム**
>
> 【生日足日（いくひたるひ）】　祭礼では神前に祝詞（のりと）を奏上します。祝詞は祭に最も効果のあるときと、目的方法を述べるものです。このときを「生日足日」といいます。年中行事でいえば日にちです。年中行事の中には、祭の目的方法が、短い唱え詞として伝えられてきた場合があります。ねぷたは「ねぷた流れろ豆の葉とまれ出さば出せ」です。夏越では「みな尽きねとて麻の葉を　きりにきりても祓つるかな」と唱えます。具体的に言い立てることが厄祓い（やくばらい）の約束ごとです。

46 終戦記念日

「戦没者を追悼し平和を祈念する日」●8月15日

1945年8月15日に、昭和天皇による玉音放送（天皇陛下のお言葉）が流れ、第二次世界大戦が終結しました。この日を忘れないようにと、「終戦記念日」が設けられました。この日を「終戦の日」と報ずるメディアもあります。政府はこの日を「戦没者を追悼し平和を祈念する日」として、閣議決定しました。「祈念する日」としたのは、記念日という言葉に、何かお祝いのようなイメージも含まれているからでしょう。

起源・いわれ

当り前のようにこの日が終戦記念日とされていますが、実はわが国の第二次世界大戦（太平洋戦争）の終結には諸説あります。①日本の政府がポツダム宣言の受入れを連合国側に通達した8月14日説、②ポツダム宣言の履行を定めた降伏文書に日本政府が調印した9月2日説、③サンフランシスコ平和条約が発効された日である4月28日説。ただし一般的には、玉音放送が流れた8月15日が、第二次世界大戦を日本が終わらせた日と理解されています。

昭和天皇の玉音放送　戦争の終結を知る

わが国においては、昭和16年12月の真珠湾攻撃から第二次世界大戦が終結するまで、4年近くかかりました。戦前は、わが国には、神風（かみかぜ）神話が広がり、自国は絶対に戦争に負けないと信じられていました。こうした徹底した国民の刷り込みのために、いつかは戦況が逆転して勝てると思い込んでいた国民も、少なからずいたはずです。

習わし・風俗

◆全国戦没者追悼式

毎年この日に天皇皇后両陛下が臨席し、日本武道館で式典が行われています。この式典には、全国からの遺族の代表が国費を用いて参列することになっています。

◆国立の施設では半旗

国立の施設では、悲しみを表す半旗が掲げられることになっています。地方公共団体などの施設でも同様の措置をとることが奨励されています。

◆国民の黙禱(もくとう)

全国戦没者追悼式の間に行われる、一定時間の黙禱が全国民にも奨励されています。この式典は、テレビが中継するので、その時間に合わせて、国民が、戦没者を悼(いた)んで、皆黙禱を捧げることになります。

◆高校野球

全国高等学校野球選手権大会(甲子園)でも、試合が行われている日であれば、正午の時報の前に試合を一旦休止し、選手や観客たちが1分間の黙禱を捧げる習わしになっています。

◆沖縄の場合

基本的に全国と期を一にしますが、地上戦が行われていた沖縄では、6月23日に日本軍の抵抗が一旦終結したため、この日を「慰霊の日」とし、休日にしています。ちなみにアメリカ側の沖縄戦の終結宣言は、8月2日に出されました。

皆、黙禱をささげる

> **コラム**
>
> 【終戦記念日】　アメリカ合衆国、イギリス、フランス、カナダ、ロシアでは、日本に対する戦勝記念日を9月2日としています。この日は、当時のアメリカ大統領トルーマンが降伏文書に調印した日だからです。大韓民国では8月15日を「光復節(こうふくせつ)」とし、北朝鮮も「祖国解放記念日」とし、祝日としています。戦勝国では祝う日ですが、わが国では悲しみ、家族等を亡くした痛みの伴う日という位置づけで、その日の扱いの違いがはっきり分かれています。

47 地蔵盆
じぞうぼん
地蔵と子ども ●8月23日〜24日

　昔話の「笠地蔵」は、絵本やアニメなどでもよく知られた昔話のひとつです。雪の夜「じょいさ　じょいさ」というかけ声が聞こえてきます。爺婆が何事かと起きだすと、家の前につきたての餅が山のように積まれています。驚いて辺りを見ると、ちょうど地蔵の行列が雪の中を遠ざかっていくところでした。
　物語の情景は美しく世代を超えて愛されています。爺婆が見送った地蔵は、六体でした。これは、然るべき理由のあることでした。

起源・いわれ

　日本には古くから塞神（さいのかみ）信仰がありました。塞神は、他所から侵入する邪悪なものを防ぐために、国境や町、村の入り口、道の辻々に祀られます。多くは男根形を祀り、陰陽一対とするものもありました。

　京都では平安時代以来、子どもによる塞神祭が行われていました。猥雑（わいざつ）な、祭とも遊びともつかないものでしたが、世情が不穏になると流行したようです。

　平安時代に盛んになってきた本地垂迹説（ほんじすいじゃくせつ）では、塞神の本地仏（本来の姿）は地蔵菩薩であると説かれます。地蔵は六道（ろくどう）（地獄道・餓鬼道（がき）・修羅（しゅら）道・畜生道（ちくしょう）・人道・天道）の辻に立って、六道に生死を繰り返す人間を救うとされています。特に子どもを愛し、夭逝（ようせい）した子どもを、地獄の鬼から守る慈悲深い仏と信じられています。こうした地蔵の働きは塞神像を次第に地蔵化させ、塞神祭が地蔵祭となって、子どもの祭りとして恒例化していきました。また境界と見られるところに、六体の地蔵＝六地蔵を祀ることになっていきました。

子どもたちが輪になって大きな数珠を回します

習わし・風俗

◆地蔵盆

京都では8月23日〜24日に「地蔵盆」が行われます。大人の後見のもと、子どもたちが主になって行う地蔵祭です。お地蔵さんは、町内の辻に立っているもの、町内の家に安置されているもの、お寺から借りてくるもの、さまざまです。お地蔵さんを洗い、化粧を施し、よだれ掛けを新調します。菓子、草の花を供え、お地蔵さんとともに終日過ごします。食事、クイズ、花火、おやつ、数珠廻しなどのプログラムが組まれています。数珠廻しは「百万遍(ひゃくまんべん)」とも呼びます。皆で輪になって大きな数珠を繰(く)って念仏を唱えます。

◆子とろ

京都伏見には「子とろ」、別名「友引人形」と呼ぶ土人形の製作が伝承されています。一説に、「地蔵和讃(じぞうわさん)」というお経に詠われた、地獄の鬼から子どもをかばう地蔵と、地蔵にすがる子どもたちの姿を写していると言われています。

子とろ遊び
地蔵さんは鬼から子どもを守る

> **コラム**
>
> 【賽(さい)の河原(かわら)地蔵(じぞう)和讃(わさん)】 地蔵は子どもの守り本尊という信仰を広めたもののひとつに、「賽の河原地蔵和讃」があります。幼くして死んだ子どもが賽の河原で、石を積み塔を造って父母の供養をしていると、鬼がやってきてはそれを壊してしまう。そんなとき、地蔵が現れ鬼を叱りつけ、「今日よりのちはわれこそ冥土の親と思うべし」と子どもを寝かしつける、と詠いあげます。この和讃は絵画化されて寺院で絵解(えと)きされることで、さらに大衆化していきました。

48 重陽
菊の節句●9月9日

旧暦9月9日は、陽数（奇数）の中で最大の9が日月並び重なることから「重九」「重陽」と呼んで、節句としてきました。中国の伝説によると、この日に災難に遭うと予言された一家が、神仙術の道士の忠告で薑（山椒の古名）を身につけて高い山に登り、菊酒を飲んだところ、災いが消えたと言います。この故事に基づいて、この日には菊酒を飲むのだとされています。

起源・いわれ

日本の朝廷では平安時代からこの日、「菊花の宴」が行われていました。詩歌、奏楽、演舞して、菊酒を飲みました。薑を袋に入れて几帳にかけ端午から不浄・邪気を祓うとしてかけておいた薬玉と交換しました。

中国の神仙・長寿延命思想に基づきつつ、日本人が独創したものに「菊の着せ綿」「菊合せ」がありました。着せ綿は、前夜から菊の花にかぶせて露を含ませた綿で、肌を撫でます。菊に綿を着せるとき「仙人の織る袖匂う菊の露打ち払うにも千代は経ぬべし」と唱えます。老いを払う（アンチエイジング）とされ、贈答も行いました。

菊合せは、右方と左方に分かれ、それぞれ菊の名所の名を付けた「州浜」を出して歌を詠み、州浜と歌の優劣を競うものでした。州浜は、神仙境のひな型ともいうべきもので、重陽に限らず宴席に出されました。

菊の着せ綿

習わし・風俗

◆菊を食べ、茄子も食べる

　中国では、菊酒は菊の花びらと茎、葉を粳米(うるちまい)に混ぜて醸し、温服(おかん)して飲むもので、日本の現代の菊酒は、食用菊を日本酒に浮かべて飲みます。食用菊は花の部分が多く、たくさん付きます。黄、白、ピンク系の菊であれば食べられます。くるみ、梅肉、春菊やほうれん草、しめじなどと和えて、重陽の料理にします。農村ではこの日を「お九日(くにち)」と呼び、収穫祭にあて、茄子を食べるしきたりがあります。この日に茄子を食べると中風除けになるといい、「九日茄子」と呼んでいます。

◆菓子「着綿」

　重陽の菓子に「着綿」があります。生地を白と黄色に染め分けた饅頭です。菊に綿を着せた姿を写した行事菓子です。

◆菊を見る

　重陽からひと月遅れの10月半ばから11月いっぱい菊花展が行われます。東京では、新宿御苑、湯島天神、巣鴨のとげぬき地蔵などが知られています。巣鴨は菊細工の発祥地で、江戸時代の川柳に「杖にすがもの菊の見物」と詠まれた名所です。

州浜

> **コラム**
>
> 【菊枕】　重陽に摘んだ菊の花びらを乾燥させて、詰め物にした枕を「菊枕」と言います。香りがもたらす鎮静効果で深い眠りに入り、夢に恋する人が現れると言います。ただ、菊枕は女性から男性への贈り物だとされます。そうすると、菊の力と相手への強い想いによって、相手の夢に現れようとするまじないということになります。言うならば夢の独占。恋人同士という前提があるとしても、少し……怖い。

49 放生会
殺生の戒め ●9月15日

放生会、耳慣れない言葉です。では殺生、戒め、供養はどうですか。放生会はこれらの言葉と関係のある行事です。長唄という江戸の庶民に愛された音曲がありますが、その中の一曲に、放生会の由来がこう唄われています。「およそ生けるを放つこと　人皇四十四代の帝　元正天皇の御代とかや　養老四年の中の秋宇佐八幡の託宣にて　諸国に始まる放生会」(「吉原雀」)。

起源・いわれ

　放生会は、生あるものの命を絶つことを戒める仏教の教えに基づいて、生き物を池川山林に放ち、故人の冥福を祈る儀式です。祭日は仲秋の旧暦8月15日でしたが、明治の神仏分離例以来、放生会は廃止され、仲秋祭として伝承されるようになりました。

　智者大師(中国僧、538〜597年)が、天台山清国寺の一角に池を設けて、漁師の捕えた魚の一部を放たせたと言います。また、唐の時代の皇帝が81ヵ所の放生池を置かせたとも言われます。これに倣って天武天皇5(676)年、諸国に放生を命じたのが始まりとされています。

　九州の宇佐八幡宮(大分県宇佐市)は、大陸文化摂取の先進地という地理的条件から、仏教をいち早く取り入れ、放生会を八幡宮の祭としました。養老4(720)年に大隅・日向地方の豪族による朝廷への反乱が起り、多くの命が失われたため、その慰霊をも込めて放生会が行われました。以来各地の八幡神社に広まり、八幡放生会として行われるようになりました。

　江戸の庶民は、橋のたもとや池の端に出ている放し亀・放し鰻売りから買った亀や鰻を放生していました。

江戸時代の絵本に描かれた
放生亀・放生鰻売り

習わし・風俗

◆流鏑馬神事

鎌倉市の鶴岡八幡宮では9月16日、文治3（1187）年以来と言われる流鏑馬神事が行われます。射者3名が拝殿でお神酒と弓矢をいただいた後、騎乗して全長250mの馬場を疾走しながら的板に矢を射ます。鎌倉時代の狩装束と江戸時代の軽装束、綾藺笠に射籠手、腰に箙などのいでたち、独特の掛け声とともに見るべきところの多い神事です。もと、矢の当たり外れで秋の収穫の豊凶と禍福を占う意味があったといわれます。

流鏑馬

◆放生祭

京都府八幡市の石清水八幡宮では、9月15日の例祭の後、放生祭が行われます。葵祭、春日祭と並ぶ三大勅祭のひとつです。午前4時過ぎ、男山山上本殿から麓の宮に祭神を奉安した神輿を迎え、勅使の奉幣の儀が行われます。神事の後、放生川の橋の上で蝶の羽をつけた緑の装束の少女たちの胡蝶の舞が奉納され、放生川へ魚鳥が放たれます。貞観5（863）年に始まり、天暦2（948）年勅祭となり、以来今日まで続いています。

> **コラム**
>
> 【殺生戒と殖産】　鎌倉時代の僧侶、叡尊は畿内、東北を巡り殺生を戒める教えを説きました。当時は肉食を忌む考え方が広まっていました。宇治川の一帯でもしばしば鵜飼の停止や網代の破却が命じられました。叡尊はその推進者のひとりでしたが、漁業に代わる生活の方法として、晒の生産を指導しました。近江の晒は現在も、奈良・越後・野洲の晒と並ぶ名品です。

3　◆7月～9月

50 敬老の日

老人を敬愛し、長寿を祝う ●9月第3月曜日

なぜ敬老の日があるのでしょうか。それは、人生の大先輩である高齢者に感謝をし、敬意を表すのは当然であり、軽視されてはならないため、特別な日として設定されたからです。法律としては「多年にわたり社会につくしてきた老人を敬愛し、長寿を祝う」ことを趣旨として、昭和23年に国民の祝日として規定されました。2002年までは毎年9月15日としていましたが、2003年からは、9月第3月曜日に移動することになりました。

起源・いわれ

1947年9月15日に兵庫県多可郡野間谷村（現在の多可町八千代区）で「敬老会」を開催したのが始まりとする説が有力です。村長・門脇政夫が老人を大切にし、老人の知恵を借りて村を発展させようと考え、企画しました。1948年の「国民の祝日に関する法律」には最初、こどもの日や成人の日は定まっていたのに、老人のことは考慮されていませんでした。このため門脇の企画に対する反響は大きく、1951年には中央社会福祉協議会が、9月15日を「としよりの日」と制定しました。この日が国民の祝日になったのは、1966年になってからです。呼び方は「敬老の日」と改められ、国民の祝日の仲間入りをしました。ちなみにその後、この日は、9月15日から9月第3月曜日に移動することになりました。しかし当時存命中であった門脇は、毎年日付が移動することに賛成しませんでした。

老人の知恵を借りて村の発展を

習わし・風俗

◆高齢者に感謝する会

　この日は、高齢者のためのイベントが各地域で開催されます。家庭においても、祖父母が遠くに住んでいたら、その日に孫がかけつけてお祝いする微笑(ほほえ)ましい場面に出くわします。敬老の日は、祖父・祖母の日でもあるわけです。しかしもちろん、孫をもたない高齢者に対する会も多く開催されます。

◆高齢者に感謝の意を

　敬老の日があるからといって、他の日に高齢者に無関心であっては本末転倒です。普段から、先に生れ、社会に貢献した先輩に対して敬意を払う気持ちを持つことは当たり前です。敬老の日がきっかけになり、高齢者に感謝し、いたわる習慣が広がれば、素晴らしいことです。

◆海外の敬老の日

　中国では、重陽(ちょうよう)（9月9日）に、長寿を祝って菊の花を浮かべた酒を酌み交わす習慣があります。大韓民国では10月2日が「老人の日」、さらには10月は「敬老の月」として月全体が高齢者を敬う期間と定められています。アメリカでは1978年から、9月の第1月曜日の次にくる日曜日が「祖父母の日」（National Grandparetns day）となっています。

高齢者に感謝し、いたわる

コラム

　【100歳以上が6.3万人】　かつてよりも健康な高齢者が多いことから、近年では後期高齢者という呼び方が普及しました。「敬老」の対象となる人がどこからなのか、微妙な問題もはらんでいます。高齢者が稀であった時代と違い、現在は国内で100歳以上の方が6万人以上いるのです。

　年金制度が困難な課題を抱える中、高齢者の年金を支える若者たちの心情を考えるならば、高齢者を敬う精神・態度を維持する努力、工夫が一層必要になってきていると言えます。

51 月見

月を愛で収穫に感謝を ●旧暦8月の十五夜

月見は美しい月を鑑賞するとともに、月に収穫を感謝する行事です。ちょうどこの時期に穫れる里芋を供えるので「芋名月」と言い、「仲秋の名月」とも呼びます。旧暦では、1～3月が春、4～6月が夏、7～9月が秋、10～12月が冬でした。また、それぞれの季節の最初の月を「初」、次を「仲」、最後を「晩」と呼んでいました。つまり、7月は初秋、8月は仲秋、9月は晩秋となり、8月の15日目の月を「仲秋の名月」と呼んで祝ってきました。

起源・いわれ

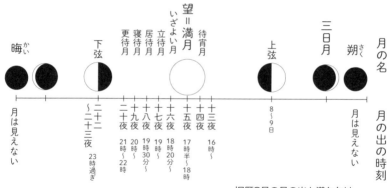

旧暦8月の月の出と満ち欠け

古代には月そのものを鑑賞する習慣はありませんでした。満ち欠けを繰り返す月は、再生力を持った呪的存在として畏れ敬われていました。

仲秋の月見の風習は平安時代の朝廷が、唐の宮廷行事を採用したことに始まります。それが従来あった農作物の収穫祭と結び付いて、十五夜の行事として定着しました。

日本の米（稲作）文化の前に里芋（畑作）文化があったと言われています。農作物といえば里芋が中心であり、稔りに感謝する気持ちをこめて月に供えたのです。以前には家々のお供えの芋や団子は、子どもたちが持って帰って良いとする風習がありました。月の神霊が降りてこられた証拠で、縁起が良いと喜ばれました。

習わし・風俗

◆十五夜の祝い方

　ちいさな机を用意し、薄(すすき)を生けます。薄は初穂の見立てです。月の神霊の依り代とも言われます。あまり蓬(ほう)けていないものを選びます。三方(さんぼう)か丸い盆に白紙を敷き、月見団子を12個か15個盛ります。12は12か月に、15は十五夜に因んでと言います。器をもうひとつ用意して皮つきの里芋(衣被・きぬかつぎ、という)、茹で栗、柿、枝豆などを盛ります。

◆茄子(なす)の穴から月を見る

　茄子に萩の箸で穴を開け、そこから月を拝み「月月に月見る月は多けれど　月見る月はこの月の月」と唱えると、目が良くなると言い伝えてきました。根拠のない風習ではなく、『後水尾院当時年中行事』という江戸時代の朝廷の行事書に、天皇が月見の宴で、芋と茄子を供えられた後、茄子の穴から月をご覧になり願い事をされた、と記されています。これは、直に本体を見ないという日本独特の感覚の現れです。もとはタブーだったことが忘れられていくにつれて、原因と結果とが逆転して、こうすればこうなると専ら効能を言うようになったのです。

月見団子

> **コラム**
>
> 【月見草】　童謡に「遥かに海の見える丘　月の雫を吸って咲く」と詠われた月見草は、7〜8月頃、清楚な白色4弁花を咲かせます。夕方から開き、夜中、淡い紅色に変わり、朝方萎(しぼ)みます。その習性と姿形から月見草と命名されました。ほとんど野生化せず、今ではごく一部で栽培されているにすぎません。一般に月見草として知られているのは、実は大待宵草という黄色い花です。本物の月見草に似た習性ですが、繁殖力旺盛、草原、河原、道端でも逞しく咲いています。

52 後(のち)の月

さまざまな月を祝う ● 旧暦9月の十三夜(じゅうさんや)

> 弁慶には生涯に一度だけ契った女性がいたと言います。それは「長月(ながつき)二十六夜の月待ち」の晩だったといいます。なぜその晩だったのか、女性の述懐を聞いてみると、折しもその夜「数多(あまた)泊りのその中に、二八余りの稚児姿(にはち)(弁慶のこと)……つい暗がりの転び寝(まろ)に」と語っています(歌舞伎「御所桜堀川夜討」)。二十六夜の月出は遅く、真夜中に昇る特別な月として人々の信仰も篤(あつ)かったのです。十五夜前後、一夜一夜の月に名前を付けて祝う行事がありました。

起源・いわれ

十五夜とともに大切にされてきた月見のひとつに、十三夜があります。旧暦9月の13日目の月です。仲秋の名月の「後(のち)」に祝う月なので「後の月」とも呼びます。

十三夜の月見は宇多天皇に始まります。宇多天皇は菅原道真の進言を採用して遣唐使を廃止したことで知られています。31歳で譲位されましたが、在位中から風流天子として聞こえ、中国の模倣一辺倒だった宮廷儀礼の日本化を志しました。また、七草粥、三月節句の桃花餅(とうか)、端午の粽(ちまき)、七夕の索餅(さくべい)、亥の子の亥の子餅など、民間の素朴な風習を宮廷の歳時に採り入れて、宮廷行事を豊かなものにしていきました。

もう少しで満月になろうとしている13日目の月の美しさの発見は、完全さよりも少し足りないものを喜ぶ、日本的感性の発露でした。

ゆでた栗、枝豆をお供えします

習わし・風俗

◆片月見(かたつきみ)

　十五夜を祝ったら、十三夜の月も拝まなければいけないと言われてきました。十三夜を忘れないために十五夜だけの月見を「片月見」という言葉で戒めてきました。十三夜には、この頃の作物である豆や栗を供えるので、「豆名月」「栗名月」と呼びますが、「小麦名月」と呼ぶ地域もあります。

三日月をいただいた兜

◆二十三夜(にじゅうさんや)　二十六夜(にじゅうろくや)

　23日目（厳密には22日目のこともある）の月は左側半分の月です。夜中の12時前後に昇り、太陽が昇るとともに弓の弦を下にした形で沈むことから、下弦の月といいます。26日めの月（三日月とは逆向きの三日月）は夜中の1時から3時の間に昇り、明け方、東寄りの空に浮かんでいます。昔から一番美しい月と言われてきました。旧暦の時代、この2つの月は夜中に昇る特別な月として、「月待ち」が行われていました。主に女性たちが集まって月の出を待ち、月を拝み、子育てと子授かり祈願をし、飲食を共にしながら朝まで過ごしました。

コラム

【宵にちらりと見たばかり】　江戸時代の俗謡に三日月がこう唄われています。「主は山谷（三夜）の三日月様よ、宵にちらりと見たばかり」。ちらりとでも見えればラッキーなのです。三日月は太陽が沈む頃、西の空に昇ります。しかし1〜2時間で、沈んでしまうからです。そのため見えれば願いが叶えられる月とされてきました。尼子十勇士の山中鹿之助は、御家再興を三日月に誓ったと伝わります。鹿之助は兜の立物に半月を戴いていましたが、三日月をつける武将が少なくありませんでした。

長崎、唐津おくんち

おくんちは「お九日」　●10月7日〜9日／11月2日〜4日

おくんちの真赤な龍の踊かな（辻桃子）／赤獅子は一番曳山くんち晴れ（多田大輔）。長崎と唐津のおくんちを詠んだ俳句です。両句とも期せずして、祭の呼び物である龍踊の赤龍と、曳山の先頭を行く赤獅子が詠まれています。長崎くんちは、北九州一体に多いおくんち祭礼中で最も豪華といわれます。蛇踊の他にも龍船、鯨の潮吹きなどの曳山、阿蘭陀漫才などが奉納され、お国ぶりが競われます。唐津では巨大な漆の一閑張の曳山14台を、威勢の良さと男気から唐津もんと呼ばれる男たちが曳き回します。

起源・いわれ

一般に重陽を秋祭の日とするところが多く「お九日」と敬称します。「お供日」「お宮日」と書く地域もあります。東日本では9月9日の他に、19日、29日の3度のお九日を総称して「三九日（さんくにち、みくにち）」と言います。収穫の祝日とするのは全国的ですが、土地により収穫期の遅速があるため、それに応じた日を選んで祭を行ってきました。北九州一体では現在、日にちの限定なしに秋祭をおくんちと呼びます。

長崎おくんちは、長崎市の諏訪神社の秋祭です。もとは旧暦9月9日に行われていました。現在はひと月遅れの10月7日から9日に行われます。近世初頭キリスト教が広まり衰微した地元の三神社を合祀したのが現在の諏訪神社です。その後、再興された諏訪神社に丸山町の遊女が舞いを奉納

長崎くんち　龍

（寛永11〔1634〕年）して以来、芸能を献じることが盛んになり、氏子町内で趣向を競うようになったものです。

習わし・風俗

◆唐津おくんち

佐賀県唐津市・唐津神社では11月2日から4日（もと9月）に秋祭を行います。呼び物は2日の宵山です。午後7時過ぎ14台の各町曳山が製作年代順に出発し市内を一巡します。曳山は赤獅子、亀と浦島太郎、酒呑童子と頼光の兜といった伝説・口碑に由来する、巨大で艶やかな漆塗りの作り物で、その表題を掲げます。翌3日の本祭では御旅所への神輿の渡御にヤマ囃子を奏しながら曳山が供奉します。1台に100人に及ぶ男が付いて曳き、御旅所の広場に曳山を入れ込みます。曳き子の勘どころと力わざが見事です。

◆唐津の3月だおれ

この日は唐津の男がいちばん輝く日だと言います。女性たちは各家でもてなしに徹します。祭に参加する男たちはどの家に上がってもよく、酒肴が振る舞われます。女性たちは男性たちの采配とチームワークに敬意を表するのです。この日の費用に3カ月分の稼ぎを注ぎ込むといい、「唐津の3月だおれ」と喧伝されています。

唐津くんち　青獅子の曳山

コラム

【秋茄子は誰が食べる？】　お九日には茄子を食べる、食べれば中風に罹らないといいます。秋の茄子といえば、「嫁に食わすな」という言い方があります。嫁いびりだとの解釈が一般的ですが、逆に嫁の体を守るためとも言います。夏に育つ野菜は体を冷やすからだそうです。解釈がまちまちである原因は、茄子が「お供日」の神供だったことが忘れられたことにありそうです。ビニールハウスなど無かった時代、神供として取置くことを忘れないために、その日までは食べていけないとか、しきたりを変えれば不幸がある（守れば幸）と戒めてきたのです。

54 神無月(かみなづき)

神の留守●旧暦10月

10月の古名を「神無月」と書き「かみなづき」と読みます。神無月はある言葉とセットで使われます。「神有月(かみありづき)」です。両者の関係についての解釈は、すでに、14世紀の『万葉集』の注釈書に示されています。神無月には全国の神々が出雲国に集まるので、出雲では神有月と言う、と記されています。神無月というテーマをふりほどいてみると、日本の文化・民俗について多くを学ぶことができます。

起源・いわれ

『万葉集』の時代には「十月」は「かみなづき」と読まれてはいますが、「神無月」という漢字表記はありませんでした。『古今和歌集』の時代になると、「かみなづき」を「神無月」と書くようになっています。そこに神々の出雲参集という解釈が加わったのは、平安時代も末(12世紀末)になってからでした。それは和歌の研究者や歌人たちの注釈の仕事と、彼らの文化サロンの中から生まれたものでした。

神々が10月を迎える頃になると旅をされるという考え方は、農耕のサイクルとも合致するものでした。収穫を見届けた田の神は山へ帰り山の神として鎮(しず)まり、春再び里へ降りて来ると考えられていました。

すると、神の不在期間は冬期ということになります。ただ、南北に長い日本列島では、その始まりも期間も地方ごとに違ってきます。これを神無月という暦の知識と一致させようとした結果、神の留守の期間をひと月に納めることになったのです。

出雲の国に、全国から集まった神々が宿泊するお社(やしろ)に、祝詞(のりと)を奏上します

習わし・風俗

◆神在祭

旧暦10月10日の夜、出雲大社の西の稲佐の浜で神迎えの神事が行われます。神職が神の座となる榊と龍蛇神の前に祝詞を奏上し、海彼から寄り来る神々を神籬に宿らせます。龍蛇神は生きた海蛇で、竜宮の使いであると言います。神籬は「絹垣」と呼ばれる白布で人目を遮り、先払いの声と龍蛇神に先導されて大社へ向かいます。大社では神楽殿で祭典があり、その後神々は境内の東西各19社へ7日間お泊りになります。

◆神々が出雲に集まる理由

神々は何のために出雲に集まるのでしょうか。出雲大社のホームページは『日本書紀』の、現世の政事は皇孫が、出雲の神は幽れたる神事を納める、という記事を引用しています。そして、この幽れたる神事とは目に見えない縁を結ぶことであり、これを議題に会議すること、「神議」が出雲参集の目的だとしています。

「蛙の餅背負い」出雲の神様へのお土産

> **コラム**
>
> 【出雲の神様へのお土産】　茨城・福島両県には「蛙の餅背負い」という言い伝えがあります。出雲へ田の神様が発つのは亥の子の晩（旧暦10月10日）で、この時お土産の餅をお供の蛙に背負わせるのだそうです。その恰好がとても愉快で、畑の大根たちが首を長く伸ばして見ようとする、それで大根はこの晩一斉に大きくなると言います。ここからこの晩を「大根の年取り」と言ってきました。また、嫁や婿も田の神様に倣って、「親餅」という親への土産の餅5個を持って里帰りするのだそうです。

55 亥の子

ぼた餅の来る日●旧暦10月初めの亥の日

小林一茶に「ぼた餅の来べき空なり初時雨」という句があります。文学者の安藤次男氏は、このぼた餅は亥の子の頃のぼた餅だろうと推測し、収穫もすっかり終わって、冬支度を始めようという時期の農家の祝餅を詠んだ、としています（『花づとめ』）。この日の餅は農村、町家、武家、幕府、朝廷一律に祝うのが恒例でした。また、この日から炉、炬燵、火鉢を使い始めました。亥の子（猪）の多産と、火防せの神の使いとされることに因む行事です。

起源・いわれ

　平安時代の宮廷では、旧暦10月の最初の亥の日の亥の刻（午後9時～11時）、天皇が柳の臼と杵で（ミニュチュアともいう）餅を搗く所作をされました。その後臣下に亥の子形の餅を下されるのが恒例でした。十二支を各月に配当すると、10月は亥の月にあたります。刻・日・月・亥が並び重なるところに霊的意義を見出し、餅を食べて万病を払い、さらに猪の多産にあやかって、子孫繁栄を祝いました。これに倣って公卿、女官たちも餅の贈答を行いました。この餅は「亥の子餅」と呼ばれていました。小豆、大豆、大角豆、栗、柿、胡麻、糖の7種の畑の作物を材料にしたものでした。

　貴族階級では餅の他に火桶の贈答が行われていました。猪は五行説では水の気です。また愛宕の神のお使いなので、亥の月の亥の日に火を使い始めれば火事を防げるとしていました。

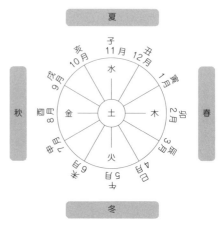

旧暦10月は「亥の月」にあたります

習わし・風俗

◆炉開きと亥の子餅

亥の日の祝いは現代では茶道に受け継がれています。ひと月遅れの11月の亥の日、炉開きが行われます。据え置き型の炭を入れる炉に替わって、畳に切られた炉が開けられます。この時期になると和菓子店に亥の子餅が並びます。薄茶色の楕円形の餅菓子です。にっき味、和三盆で味つけするなど現代風に工夫されています。

◆京都護王神社の亥の子祭

京都御苑の西にある護王神社では、11月1日に亥の子餅を作り御所に運びます。希望する参拝者にも供されます。同社の祭神・和気清麻呂は、僧・道鏡が天皇位に即こうとしたのを、宇佐八幡の託宣によって防ぎました。その清麻呂が道鏡の刺客に襲われた時、危機を救ったのが猪だった、との故事に因む行事です。

◆亥の子のぼた餅

幕末の頃からこの日は各家で、餅に小豆餡や黄粉をつけるぼた餅を作り、「節物（行事食）」として贈り合ってきました。江戸では菓子屋で買うこともできましたが、1個4文（100円）で、串団子1本と同じ価格でした。ただ、団子1個くらいの大きさでした。

猪は年に、子を12頭産むといわれるほど多産です

コラム

【呼び方いろいろ】　ぼた餅の名称は、春には牡丹餅、秋はお萩、という話をよく聞きますが、もとは、一律、ぼたもちだったようです。『本朝食鑑』（1697年）に「母多餅一名萩の花」とあります。『物類称呼』（1775年）という方言の辞書には、おはぎは女の詞とあります。宮中や大奥に仕える女性たちは、ぼたもち、という音を野卑だとして嫌い「萩の花」「お萩餅」と呼んでいました。ここから「お萩」が定着していきました。ぼた餅には「隣知らず」や「夜船」などの異名があります。炊いた糯米と粳米をすりこ木で搗く音が聞こえない、搗いた（着いた）ことがわからない、の意味で、製法に由来します。

56 ハロウィーン

古代ケルト人の収穫祭？●10月31日

日本でも最近、10月31日のハロウィーンには、子どもたちが頭からシーツをかぶったり、お面をかぶったりして、思い思いの仮装をして町中を行列をし、町のあちこちで、お菓子をもらったりする光景が多く見られるようになりました。仮装コンクールが行われるところもあり、大きなカボチャをくり抜いて目鼻を付けたものを頭からかぶったりもしています。そもそもハロウィーンとは、どのような行事なのでしょうか？

起源・いわれ

古代ケルト人の秋の収穫祭がルーツの一つとされています。ケルト人の一年の終わりは10月31日でした。祭司たちは、火を焚き作物を供え、動物を捧げました。まわりの家族たちは火を家に持ち帰り、祈りました。この日の晩は死者の霊が家にやってくると信じられていました。

このハロウィーンの習慣は、スコットランドなどでは残ったので、それがアメリカ移民を通して19世紀の半ばから、アメリカ社会に根付いていきまし

仮装した子どもたちが各家庭でお菓子をもらう

た。特に1950年代には、企業の目論見（もくろみ）やメディアの影響もあり、社会的背景も意識されずに、アメリカの文化の一つとして定着していきました。ケルト人の祭事だったものが、次第に宗教的色合いが薄れ、子どもたちの行事として定着していきました。

わが国へは、1990年代後半の東京ディズニーランドのイベントを契機に、各地でイベントの開催が増加しました。

習わし・風俗

◆仮装パレード

町の子どもたちが仮装をして練り歩き、各家庭を訪問し、お菓子をもらう姿は、今では、さほど珍しくはありません。

大規模のパレードとしては、JR川崎駅前の「カワサキ・ハロウィン・パレード」が有名です。このパレードには3千人を超える仮装者が参加し、それを見物しようと10万を超える人が集まってきます。

わが国の元祖、東京ディズニーランドでは10月中に開催される園内パレードとして行われ、秋の季節の催しとして定着しています。

新潟県の新津市では、2007年より「にいつハロウィン仮装まつり」が行われており、当日は仮装した約千名の人々があふれかえる光景となっています。長野県白馬町では、村民ボランティアによる「白馬 de ハロウィン」が行われ、仮装コンテスト、トリック・オア・トリートが行われています。

◆学校行事としての扱い

クリスマスは幼稚園などの行事でも行われていますが、ハロウィーンの方はそうでもありません。理由は日本に伝わったのが近年であることなどですが、日本文化に馴染まないと違和感を覚えている人は、特に高齢者で少なくないのは事実です。

怖い顔したカボチャ

> **コラム**
>
> 【ハロウィーンとカボチャ】 ハロウィーンの祭りで、怖い顔をしたカボチャが飾られていることを不思議に思う人もいるでしょう。実は、本来のケルト人の収穫祭には見られないものでした。ジャック・オ・ランタンの伝説が、伝承の途中でハロウィーン祭りに入り交じり、現在の飾りとなりました。怖い顔にくり抜くのは、悪霊を追い払うためで、灯をともしていました。もともとはカボチャではなく、カブが使われていました。アメリカでカボチャに変わったのです。

57 酉の市(とりいち)

酉の市とはどんな市●11月中の酉の日

東京下町で年の瀬の風物詩といえば「お酉様」です。11月中の酉の日に、浅草の鷲(おおとり)神社や長国寺(ちょうこくじ)を中心とした地域に市が立ちます。飾り熊手(くまで)、竹箒(たけぼうき)、粟餅(あわもち)、八つ頭芋(やつがしらいも)など、酉の市名物の品々を売る露店が並びます。

買った熊手を高く掲げて歩く人、価格交渉中の人、手締め、普段目にすることのない光景です。11月中にめぐってくる酉の日は、年によっては3度あります。「三の酉まである年は火事が多い」と言いますが、三の酉は師走直前のこともあって一層賑わいます。

起源・いわれ

「酉の市」は、11月中の酉の日に行われる、おおとり(鷲・大鷲・大鳥)を名告(なの)る神社の祭礼に立つ市を言います。古くは酉の「まち」と呼びました。まち、は祭の意味です。おおとり神社の本社は大阪府堺市にありますが、勝負運の守護神として信仰され、関東地方に多く勧請(かんじょう)されています。

酉の市の始まりは現・東京都足立区花畑町の鷲大明神(おおとりだいみょうじん)の祭礼でした。この市の名物は賭博でした。寺社は治

「熊手」福をかきこむ縁起物

外法権的であったことと、鷲明神が都市と農村の境界的位置にあったこともあって、祭礼時には博徒が集まってきて賭場を開き、参詣人が客とされていました。余りの過熱ぶりに幕府は酉の市の博打を禁じました(1776年)。

これ以降、浅草の鷲神社は東が吉原遊郭という地の利もあって、繁盛が浅草に移り、酉の市といえば浅草と言われるほど賑わうものとなっていきました。

習わし・風俗

◆三の酉まである年は火事が多い

一般によく言われるのは「三の酉まである年は火事が多い」です。データがあるわけではないのですが、今だに言われることです。これは浅草の酉の市が繁盛するようになってからの風評であることから、お酉様のたびに男性たちの足が遊郭や賭け事に向かわぬよう、火事やトラブルの噂が自然発生的に生まれたのであろうと言われています。

◆市の名物

古くから市に近郊農村から持ち込まれる品物に、団子、餅、芋、笊や箒、熊手などの竹製品がありました。酉の市では伝統そのままに粟餅、竹箒、八つ頭、飾り熊手が売られています。特に、熊手と八つ頭は酉の市土産として必ず買うといわれます。熊手は福を取り（酉）込む、八つ頭は八人の頭に立つ、という縁起を求めて購入されます。

景気のよい売り声と手締めが響く

コラム

【市の相場を下げた山姥（やまんば）】　年の暮れの市にはしばしば山姥が現れて、人びとに尽きぬ宝を授けてくれる、と言われてきました。同じ尽きぬでも、被害甚大の山姥もいました。この山姥は酒を買いに来るのだそうです。酒買い狸ならぬ酒買い山姥。徳利ならぬ瓢箪（ひょうたん）さげて。ところがこの瓢箪、いくらでも酒が入るとか。それで山姥が来ると市の相場が下がると噂されたと言います。また、山姥が来ないうちに買い物をすませようと、暮れの市には皆朝早く出かけたと伝えられます。

58 文化の日

明治節から「自由と平和を愛し、文化を勧める」日へ ●11月3日

11月3日が文化の日で国民の祝日です。実はこの日は、日本国憲法発布の日なので、戦後日本の出発点として、自由と平和に基づいた文化を見つめなおす日として設けられています。文化といっても日本固有の文化とは限らず、英語のcultureに近い意味合いを持っています。音楽、絵画などの芸術、文学、科学などの学問を公開する機会となっていて、いわゆる教養的な催しものをする日としても理解されています。また個人的に教養に親しむ日でもあります。

起源・いわれ

11月3日は、明治天皇の誕生日で、明治節と称され、休日でした。明治天皇が在位時に、日本は対外的に国家として成立し発展してきました。このためこの日が祝日として定められました。また、11月3日というのは、第二次世界大戦後の1946年、日本国憲法の発布日なのです。日本国憲法は、自由と平和を愛し、文化を勧めることを盛り込んだだけではなく、戦争放棄を憲法の条文に書き込んだ、世界でも画期的な憲法です。

天皇陛下より勲章を授与　自由と平和に基づいた文化を見つめなおす日

このため、文化を奨励する日として誠に適当だったのでしょう。正確には、文化的行事に目を向け、平和に感謝し、記念する日として、昭和23年の「国民の祝日に関する法律」の中に定められました。明治天皇の誕生日に合わせて日本国憲法が発布された可能性もありますが、この祝日の制定に関わった人々からは、それに関する証言は聞き取ることができていません。

習わし・風俗

◆文化勲章の授与

皇居で毎年勲章の授与が天皇陛下より行われています。文化というだけに、芸術をはじめとした各種の分野の貢献者が勲章を受けることになります。勲章ですから、当然ランクもあります。日本政府に批判的な人は、当然ながら受賞する可能性は低く、官民を比較すると、政治家も含めた、公務員系の役職の歴任者が、やや目立っています。

名画や工芸等を親子で鑑賞

は特別な催しをしたり、入館料を無料にしたりする試みも行われ、文化の振興に貢献しています。

◆その他

海上自衛隊は、基地などに停泊している自衛艦が満艦飾を行って、人々を喜ばせています。

さらに関西地方では、関西文化の日として定めています。

また日本漫画家協会と出版社が共同で、まんがも文化の一つとして認知されるべきだという見地から、この日を「まんがの日」としています。さらに東京都文具事務用品商業組合などが、文化に文具は極めて近い関係にあるとして、「いい文具の日」としています。

◆各種の芸術祭

文化庁主催で文化の日を中心に芸術祭が毎年開催されます。芸術祭ではありませんが、博物館や美術館の中に

> **コラム**
>
> 【日本国憲法発布】　5月3日の憲法記念日との関連が気になる人もいるでしょう。憲法記念日の方は、日本国憲法が実際に効力を発揮した施行日です。GHQは、11月3日が明治節にあたり、戦前のわが国のあり方に立ち戻ることを危惧したため、この日を憲法記念日として決めることに賛同しなかった、とする説もあります。明治節の祝祭ムードを体験していた人々が日本国憲法の発布に関わっていたため、この日を憲法発布の日にあてたのかもしれません。

59 七五三

子どもなりの節目を祝う●11月上中旬

11月上旬から中旬にかけての神社は、両親や祖父母に連れられた晴れ着姿の男児、女児で華やぎます。慣れない晴れ着と履物、子どもなりの緊張感もあるのでしょう。足をひきずったり、おんぶをねだったり、半べその子どももいます。なんとも健気で思わず「しっかり！」とエールを送りたくなります。そう、これなのです。七五三の目的のひとつは、祝福を得て自分の足で社会へ歩き出す、その節目が七五三の年祝いです。

起源・いわれ

近代以前の社会では、身分と年齢によって衣服と髪型が区別されていました。成長すると姿形を改める儀式が行われ、祝宴が張られました。成長を確認するとともに周囲への披露を目的とする重要な儀式でした。

貴族階級、武家では、2〜3歳、4〜5歳、7〜9歳の時期が儀礼の機会になっていました。民間では7歳が一般的でした。7歳で氏神へ詣で氏子入りすることで、社会の一員として認められました。農村部では近代になっても同様でしたが、江戸のように諸地方からの寄り集まりの土地柄では、各家各人で行うのでは不便であることから、3、5、7歳をひとまとめにする祝い方が生まれました。これは江戸時代末頃に始まったものですが、一律そうであったわけではなく、式日も11月中とする他は一定していませんでした。

千歳飴 元禄・宝永の頃、江戸浅草の七兵衛が長い飴を袋に入れて『千年飴』と書いたのが始まりと言われています

習わし・風俗

◆参拝は初宮詣りをした神社へ

七五三は子どもの成長を報告し、これからの無事を祈るものなので、初宮詣りをした神社に参拝するのが本来の意味に叶っています。以前は数え年で祝っていましたが、現在は満年齢で、男児5歳、女児3歳と7歳で行っています。女児3歳では簡易に7歳を正式とすることが多いようです。

神社では、参拝の前に手水舎（ちょうずしゃ）で手と口を浄（きよ）めます。柄杓（ひしゃく）で水を汲み、左手、右手と浄め、左の掌に水を受け、その水で口を漱（すす）ぎます。神前に二拝二拍手一拝して、賽銭（さいせん）を入れ、これまで無事成長できた

ことを感謝し、これからの加護を祈念します。

◆昇殿参拝（しょうでん）（正式参拝）

昇殿して祓を受けてから拝礼することもあります。祓や祝詞奏上（のりとそうじょう）を希望する場合は、神社への謝礼が必要です。紅白蝶結びの水引の祝儀袋に「初穂料（はつほりょう）」あるいは「玉串料（たまぐしりょう）」と表書きして、子どもの名前を書き入れたものを用意しておきます。金額も含めて事前に神社と打ち合わせをしておきます（電話でも可）。

氏神さまへお参り

コラム

【十三詣（じゅうさんまいり）】　京都では一般に七五三は行わず「十三詣（じゅうさんまいり）」をします。3月から5月の各13日に、嵐山・法輪寺の虚空蔵菩薩（こくうぞうぼさつ）に、13歳になった子どもが両親に付き添われて参詣する行事です。虚空蔵菩薩は福徳と智恵を授けると言い、十三詣を「智恵もらい」とも呼びます。帰途、うしろを振り返ると授かった智恵を返してしまうので、渡月橋（とげつきょう）を渡り終えるまで振り向かないしきたりです。

60 冠婚葬祭

行事の理解のために④

　この本をはじめからここまで通読された読者は、年中行事がどのようなものであるかが、おおよそ理解できたことと思います。暮らしが季節のめぐりに従って展開された図式が、年中行事です。それは好むと好まざるとに関わらず、日本の風土と日本人らしさが示される生活文化であると言えます。この点、冠婚葬祭と通じるものがあります。冠婚葬祭の諸儀式は、国際的に共通する要素を持ちながらも、表現の仕方に固有の文化体質を示しています。

起源・いわれ

　冠婚葬祭とは、人が生まれてから死ぬまでの間に経験するさまざまな儀式をいいます。それらを人生の節目とみることから「通過儀礼」とも言います。通過儀礼は20世紀のはじめに、オランダ系ドイツ人の民族学者・ファン・フェネップが初めて使った術語です。

　冠は元服、婚は婚礼、葬は本来喪の字を使い葬儀、祭は祖先祭祀です。冠は一人前になったしるしとして、公家男子が冠を、武家では烏帽子をかぶったことに由来します。現在行われている通過儀礼に以下のものがあります。

①産育・成長儀礼：帯祝い、お七夜、初宮詣、お食初め、初誕生、初節句、七五三、成人式、還暦、古稀

②結婚儀礼：婚約（結納）・結婚式・披露宴

③葬送儀礼：通夜・葬儀・告別式、初七日、七七忌、納骨

④祖先祭祀儀礼：一周忌、三周忌、七周忌、十三回忌、正月、盆、彼岸、年ごとの祥月命日

男子の元服

習わし・風俗

◆高盛飯(たかもりめし)

人間は一生に三度、茶碗に高く盛り切った飯を供されると言われてきました。誕生の時の産飯(うぶめし)、婚礼の日の夫婦飯、通夜の枕飯(まくらめし)、冠婚葬共通して「御高盛(おたかもり)」と呼びます。産飯は誕生直後に炊き、産神に供え、新生児の枕元に置き、母親と世話をしてくれた女性たちで食べます。産飯(うぶがみ)は人が亡くなったらなるべく早く供えるのが良いとされ、「早御供(はやごく)」「直飯(じきめし)」と呼びます。米の力で霊魂を守ると言われます。

◆色直し

新生児のお食初めの日に(生後100日目)、それまで着ていた白い産着を白色以外の着衣に替えます。これを「色直し(式)」と言います。色直しは、また、現在の結婚披露宴には欠かせない演出になっています。もとは、夫婦盃を交わした後、花嫁が色のついた晴れ着から白衣(びゃくえ)姿になることでした。

婚家に落ち着くことは、それまでとは違った空間に臨むことであり、その象徴行為として、本来神仏に近づくための色である白色の衣服に着替えたのでした。

産飯

コラム

【御伽犬(おとぎいぬ)】 平安時代、貴族の女性たちが出産の時、枕元に置いたお守りに「御伽犬」がありました。犬は多産にしてお産が軽く、生まれた子も良好に育つと見られていました。それにあやかって考案されました。一晩中寝ずに守ってくれるようにとの願いを込めて、御伽犬と呼びました。それがやがて嫁入りに携えられ、雛段にも飾られようになりました。江戸時代後期には大衆化して、神社の授与品となり、現在、江戸玩具の犬張子(いぬはりこ)としても知られています。

勤労感謝の日

「新嘗祭(にいなめさい)」の伝統●11月23日

11月23日は「勤労感謝の日」として国民の祝日になっています。なぜこの日が選ばれたのでしょうか。実はこの日は稲作をする限りは、すべての人々が祝っていた「新嘗」という祭の日でした。古代の農村の新嘗祭の様子を偲ばせる民謡が、『万葉集』に載っています。「誰ぞこの屋の戸押そぶる新嘗に わが背を遣りて斎(いわ)うこの戸を（誰なの、ひとり忌み籠る私に言い寄るのは）」。どうやらこの日は骨休みの日ではなかったようです。

起源・いわれ

新嘗祭は、刈り入れた初穂を神々と祖霊に供え、新穀を炊いて食べる行事です。現在は11月23日に宮中で行われる天皇の祭事ですが古くは稲刈り直後、民間でも行われていました。

皇室では皇極天皇（642年即位）の時から毎年11月に行われるようになりました。旧暦の11月はすでに冬でした。この時期に新嘗祭が営まれたのは、冬至との関係でした。旧暦の11月には必ず冬至が含まれていました。

皇室の新嘗祭

また新嘗祭は11月の第2か、第3の卯の日と決まっていました。つまり冬至前後に必ず祭日がくるわけです。

冬至は太陽光が最も弱まる日であると同時に、翌日から力を増していく日でもあります。この時に新穀を食べ、新穀に籠る稲玉（稲魂）をわけてもらい、霊魂の増えることを祝う祭を行いました。これが新嘗祭であり、これを行う季節が「ふゆ・冬・増ゆ」でした。

習わし・風俗

◆勤労感謝の日へ

皇室の新嘗祭は、明治5年の新暦採用以降、11月23日と定められ、国民も休業して祝意を表しました。昭和23年以降同じ日を「勤労を尊び、生産を祝い、国民が互いに感謝し合う日」として祝っています。

全国各地で農作物品評会、優良農業者の表彰、農業祭など、農業に関する催しが行われています。農業祭では自治体と農協とがタイアップして、生産者から果物、野菜、米などを直接購入できるマーケットが好評です。

◆あえのこと

石川県能登地方には、新嘗祭が「あえのこと」という名称で伝承されています。「あえ」は「饗」と書き、ごちそう、「こと」は祭を意味します。家の主人が紋付袴の正装で田の神を苗代田から家へ案内し、風呂やごちそうでもてなします。田の神は翌年まで家に滞在し、2月上旬もとの田へ帰ります。

石川県能登地方の「田の神様」
神事「あえのこと」

コラム

【木鍬持ち打ちし大根（おおね）】 大根は古代から栽培野菜として貴重でした。当時は「おおね」と呼んでいました。『古事記』によると、仁徳天皇が皇后の留守に豪族の娘を寵愛したことがありました。怒った皇后は舟で淀川を遡って山城国に引き籠ってしまいました。その時の天皇の歌。「つぎねふ山城女の木　鍬持ち打ちし大根　根白の白腕（しろただむき）　枕（ま）かずけばこそ知らずと言はめ」。共寝した仲ではないか、と情に訴えたわけですが、この歌、農村の労働歌が採録されたものと言われています。

4　10月〜12月

神楽月 (かぐらづき)

火の祭の月 ●旧暦11月

京都の冬の有名年中行事に「鳴滝(なるたき)の大根焚(だいこだ)き」があります。京都市右京区鳴滝の了徳寺(りょうとくじ)で、12月9・10日(もと11月)に行われます。開山の親鸞聖人が、村人の塩煮大根でのもてなしを喜んだ、という故事に因んで、檀家から献じられた大根が大鍋で炊かれ、参詣人に供されます。中風除けに効くと言われ、遠近の参詣者、老若男女であふれます。この行事は実は大根ではなく、火を焚くことに意味があると言われています。

起源・いわれ

　火は古来神聖なものであり、火を中心にした行事や祭が行われてきました。時期としては盆を中心とする秋季(新暦では夏)と11月から小正月にかけての冬から春(新暦では冬)とに二大別できます。冬から春にかけての祭の火は一般に、怖ろしいほど大きく焚かれます。それは陽気を復活させるための浄めの火であるからです。

　宮廷では「御神楽(みかぐら)」が行われていました。夜の闇の中、庭燎(にわび)が焚かれ「深山(みやま)には霰(あられ)降るらし外山(とやま)なる正木(まさき)の葛(かずら)色づきにけり」の歌を合図に、人長(にんちょう)の舞が行われます。人長は神楽人の長であり、火を司る長でもあります。人長の舞では、人長が踽(かかと)で大地を3度打つ「反閇(へんばい)」が最も重要とされていました。反閇は悪霊・邪気の跳梁(ちょうりょう)がないよう、地面を特殊な足使いで踏み鎮めるものです。御神楽は平安時代末頃には衰えていましたが、呪術的な舞は民間の山伏神楽や諸大社の神楽として残り、庭燎は寺社の「お火焚(ひた)き」として受け継がれました。

鳴滝の大根だき

習わし・風俗

◆お火焚き

11月から12月上旬にかけて、各地の寺社で火祭が行われます。京都市の伏見稲荷大社の「火焚祭」では、3基の大火床に全国から奉納された十万本の火串を投じ、神職、巫女、一般参列者が大祓詞という祝詞を合唱します。その後巫女が火床に神楽舞を奉納します。御神楽の人長舞を模したと伝えられます。

伏見稲荷大社の「火焚祭」

◆高千穂夜神楽

宮崎県高千穂町では、11月下旬から翌年2月初旬まで、地元の神楽宿で夜神楽が行われます。これを、観光客の時間を配慮して、一般に向けた祭とした「神話の高千穂夜神楽まつり」が、11月22日～23日に行われます。両日で33の舞いが演じられますが、初日の「手力雄」と「鈿女」は神話の天岩戸をテーマにしたもので、神楽と神話入門の演目として人気があります。

コラム

【おおらかな笑いがこだまして】　『古事記』によると、岩屋に閉じ籠ってしまった天照大神を外に誘い出すために、天鈿女命が乳房を出し、裳の紐を陰部までずり下げて踊ります。これを見て神々が笑いくずれたので、天照大神も何事かと岩屋から顔を出し、世界に光が戻った、と言います。陰部や裸体を露わにする女神はギリシア神話やインドの古代聖典にも登場します。これは性による笑いが世界を領する神々をかまけさせ、人間社会に安定と繁栄をもたらすと考えられていたからです。

事八日 (ことようか)

家に一つ目小僧がやって来る ● 12月と2月の8日の晩

> 事八日と聞いて、知っていると答える人は少ないでしょう。では針供養はどうでしょうか。これはマスコミの報道などによって、多少知られているかもしれません。しかし、縫い針を使う機会が少なくなっていることもあり、実感のない人が多いかもしれません。それでは豆腐小僧、酒買い狸はどうですか。大部分の人が、その姿かたちやストーリーを想起することができるのではないでしょうか。実は、彼らと事八日とは深いつながりがあるのです。

起源・いわれ

　豆腐小僧や酒買い狸は、江戸時代の草双紙(くさぞうし)(純娯楽絵入り短編小説)に登場する化け物です。

　彼らは神出鬼没(しんしゅつきぼつ)ですが、数代遡った先祖の一つ目小僧は、毎年決まった日に、同じようなところに出現しました。その日が事八日と呼ばれる12月と2月の8日の晩でした。

　旧暦では、12月8日は月が上弦となる日でした。この日までに年内の雑事を終え、この日、正月を迎える心構えを始め、正月を中に置いて、次の月の上弦の日である2月8日を終了日としました。正月は１年で１番大切な祭りだったため、その始めと終わりとなる節目の日には、外へ出て働かず、炊事や針仕事を控え、笑ったり、大きな音をたてることもタブーでした。これを破らないよう、特に子どもたちに守らせるために、この晩は一つ目小僧という怖ろしい魔物が来て、家を覗(のぞ)き、履物(はきもの)をしまい忘れると印をつけられてあとでさらわれる、目数の多い籠(かご)や笊(ざる)を出しておくと退散する、などと教えてきました。

一つ目小僧

習わし・風俗

◆お事汁(ことじる)

12月8日を事始めと呼んでいます。関東では事始めに、お事汁を作ってきました。里芋、人参、大根、牛蒡(ごぼう)、蒟蒻(こんにゃく)、焼豆腐、小豆の入った味噌汁です。これだけたくさんの具を使うのは、この日だけで大変なごちそうでした。豆腐、蒟蒻に使えなくなった針を刺して神棚に祭り、お事汁を供えました。

◆針供養(はりくよう)

家での供養の終わった針は、女性の守り神である淡島神社(あわしまじんじゃ)に納め、裁縫の上達を祈願しました。江戸時代から昭和10年代まで、淡島願人(がんにん)と呼ばれる坊主が各家を回って針を集め、淡島社に納めました。全国的に行われていた行事ですが、現在では、針を使う職業の人々の行事となっています。2月8日台東区浅草の浅草寺淡島堂は、仕立て屋、足袋屋、鍼灸師(しんきゅうし)、畳屋などその道のプロから、見学を兼ねての参詣者で賑わいます。神前に置かれた大豆腐に持参した古針を刺し、針をねぎらいます。

◆魔除けの籠

一つ目小僧の目は一つでも、大変な目力だと信じられていました。これに対抗するには数でいくしかない、と考え出されたのが魔除けの籠・笊でした。これを竹の先に結び屋外に立てました。人間の世界には目数の多い魔物がいる、と退散するというわけです。埼玉県や、その北部の秩父、熊谷地方では、籠の中にねぎやにんにくなどの臭いの強いもの、樒(しきみ)やぐみなどの臭木を入れるなどしています。

> **コラム**
>
> 【「ミカワリ婆」の名前で出ています】　関東は一つ目小僧には住み心地が良かったらしく、あちこちを跋扈(ばっこ)しました。しかもいくつもの替え名を持っていました。栃木にいるときは「大眼(だいまなこ)」と呼ばれました。相模川沿岸や多摩丘陵地帯では「八日ぞぉ」と名乗りました。時々退屈したのでしょうか。女性に変身しました。古巣の多摩川両岸に戻ると「ミカワリ婆」の名前で出ていました。しかし、領域が狭かったせいか認知度はいまひとつで、実は一つ目小僧だと知る人は稀でした。

冬至

一陽来復の日 ●12月22日〜23日ころ

冬至についていろいろな言い習わしやしきたりが伝えられています。「冬至に天気が良ければ翌年は豊作」「冬至に南風が吹くと地震・日照り・大雨」などと言います。この日には柚子湯に入り、かぼちゃや小豆粥を食べるものだとされています。冬至には「お大師様」がやって来ると言い、小豆粥や風呂をたててもてなすとも言われてきました。冬至とかぼちゃや小豆粥とはどのような関係にあるのでしょうか。また、お大師様とは誰なのでしょうか。

起源・いわれ

冬至は日照時間が一年中で最短の日です。夏至の日の長さとは4時間50分ほどの差があるこの日は、人間の魂も衰え、それがピークとなります。しかし冬至を過ぎれば太陽が再び力を増し、人間にも精気が戻ってくると考えられてきました。

農村では、この復活していく力をもたらしてくれるのは、「お大師様」だと言い習わしてきました。お大師様は聖徳太子だとも、弘法大師だとも言われます。もとは尊い神の御子神で、村々に春を呼んでくれるために、霜月下弦の月の晩（新暦12月22、23日頃）に家々を訪れると考えられていました。そのために小豆粥や貴重な冬野菜の大根、保存してあるかぼちゃを用意した

のです。祭が行われなくなると、お供えであったことが忘れられ、冬至の日の特別な食べ物に変わっていきました。そして、人間にとっての滋養や運気が強調されるようになりました。

あと隠しの雪

習わし・風俗

◆運気が上向く「ん」の付く食べ物

冬至に「ん」のつく食べ物を摂ると、運気が向上するといわれます。蜜柑、金柑、うどん、南瓜（＝なんきん）、蒟蒻、などです。蒟蒻は「冬至蒟蒻煤払い」と言い、体内の砂を落とすと言われます。

◆薬食い

この時期、滋養のための食品を摂ることを「薬食い」と呼んでいます。南瓜の黄色い成分であるカロチノイドは体内でビタミンAに変わり風邪などへの抵抗力をつけます。また黄色は陰陽道で陽の気とされ、陰気・災いを祓う色と言われます。小豆の赤も陽の色です。南瓜と小豆を炊き合わせた「いとこ煮」という料理もあります。

◆柚子湯

柚子の皮の精油成分は血行を促進し、保温効果もあります。魔や災難から免れる黄色の柚子を湯に入れて、身体を浸すことで、禊を行う意味もあります。

冬至の神供え

コラム

【あと隠しの雪】 農村の冬至の祭である「大師講（お大師様の祭）」に由来する昔話があります。「あと隠しの雪」と言います。アニメ日本昔話などでもよく知られたもののひとつです。お大師様をもてなすために、隣家の畑の大根を盗んだ婆の足跡を隠すため、お大師様が雪を降らせた。それで、今でもこの日はきっと雪が降ると言います。ここから、この頃の季節風を伴った雪は「大師講吹雪（大根吹き）」とも呼ばれました。

クリスマス

幸せをもたらすものに祈りを●12月25日

クリスマスはキリスト教徒でなくとも心弾む行事です。シーズンに入ると繁華街はイルミネーションに輝きます。お歳暮の習慣と相俟って、贈答品のセールが始まります。子どもたちにとっては欲しかったものがプレゼントされる日として、最良の年中行事になっているようです。理由のないことではなく、本家のヨーロッパでも日本でも、この時期は元来、訪れ神が家々を廻り新しい年の幸福を約束してくれる時期でした。

起源・いわれ

キリスト教受容以前のローマ帝国では、12月25日は冬至祭でした。無礼講や大きな篝火、仮装などで冬の気を祓い、春を呼び寄せる祭を行っていました。この祭がキリスト教公認（313年）後、イエスの誕生を祝う祭に移行したのでした。

北ヨーロッパやアルプス地方には聖ニコラウス（？〜346年）の伝説が浸透していました。少年を生き返らせた話、身売りされかけた娘を救った話。12月6日（聖ニコラウスの日）には森の妖精をお供に連れてやって来る。「良い子にはお菓子、悪い子には鞭のプレゼント」と言い習わされてきました。そして実際、彼に扮した大人が贈り物を配っていました。

この風習をオランダ移民がアメリカに伝えた時、セントニコラウスのオランダ発音の、シンター・クラアスが訛ってサンタクロースとなり、さらに絵本や詩、広告などで現在のサンタクロースのイメージが作られていきました。

教会ではミサ（礼拝）が行われます

習わし・風俗

◆クリスマスツリー

クリスマスツリーはフランスのアルザス地方（当時はドイツ領）が発祥地です。キリスト教の布教にあたってこの地方に根強かった樹木崇拝が吸収されたものでした。ツリーは常緑の大木であればなんでもよく、てっぺんにりんごを、枝にビスケットや胡桃を吊るし、森の精霊に捧げました。てっぺんのりんごはベツレヘムの星に、ビスケットや胡桃は電飾に変わりました。

◆プレゼピオ

ローマカトリック圏を中心にして、イエス降誕の場面を写した人形セットを飾ります。「プレゼピオ」といいます。発祥地のイタリアには専門職人が多数います。日本の、有名人を押絵にした羽子板のように、人形にその年に世相を賑わした人物が登場したりもします。

日本国内でも、都心の大型ホテルや地方のリゾート施設などのディスプレイとして見られるようになりました。

◆お菓子

クリスマスのお菓子として知られているものに、ブッシュ・ド・ノエルがあります。篝火の丸太を形取ったケーキです。フランスのアルザス地方名物のユール・ドールズは人間の形をしたクッキーです。胸かお腹のあたりに両腕をあてています。一般にはイエスへの祈りの形と言われています。

ブッシュ・ド・ノエル

> **コラム**
> 【福音書】　イエスの死後ほぼ50年を経た頃、弟子たちによって、イエスの言行の記録がまとめられました。『福音書』と呼ばれます。福音とは「イエスによって人類に伝えられた良き便り」という意味です。マタイ、マルコ、ルカ、ヨハネの4書があり、著者の名であるとされます。イエスが宣教をはじめ、十字架刑に処されるまでの3年間の記録が殆どで、イエスの肉声を伝えるものとして、新約聖書の中核になっています。

66 大晦日

新年は大晦日の晩から ●12月31日

年末年始は気候の良い海外で過ごすというのが近年の行動パターンの一つとして定着している感があります。宅配も量販店も元日から営業する時代になってきています。それでもまだ年末には故郷へ帰り、あるいは自宅で家族揃って大晦日の晩を過ごす人も多く、その伝統が消えることはないでしょう。それは大晦日とはどういう日であったかを語り継ぐ証人であり、今を生きる私たちを知るより処でもあります。

起源・いわれ

伝統的な考え方では、大晦日の晩は先祖霊が春の神（正月様・年神）となって来訪する晩でした。この神を迎えて新しい生命力＝年玉（年魂）を授かり、田畑にも力が注ぎ込まれると考えていました。

春の神を恙無く迎えるためには、地域や家、身を浄め、終夜眠らずに過ごすことが必要でした。そのため「事八日」といってその準備の日を12月の8日（上弦の月の日）とし、12月13日（満月の2日前）に煤払いをしました。

各自各家がてんでんばらばらでは意味がなかったのです。そしてさらにここに、仏教の悟り、解脱、精進潔斎などの思想が入り、除夜の鐘の行事などが定着していきました。

各家で寝ずに過ごして神を迎える習わしを、地域単位に広げて集団で神社に「年籠り」することもありました。これが元日未明に起きて神仏に詣でる風習となり、やがて現在の初詣になりました。

除夜の鐘

習わし・風俗

◆年の火

　寺社では大晦日の晩、境内で大きな篝火を焚き続けます。これは暖をとるためではなく、新しい清らかな火で新年を迎えるためのものです。神前で鑽り出した火を参拝者に授けるところも多く、京都八坂神社の「祇園の朮火」が有名です。

◆年取り肴

　以前には大晦日の晩には白米とともに必ず魚を食べました。「年取り肴」と言いました。東日本では鮭、西日本では鰤が一般的でした。お歳暮の新巻鮭や塩鰤の贈答はここに由来します。

◆年越しそば

　柴崎直人氏（小笠原礼法総師範）によると、年越しそばは、毎月の晦日にそばを食べることを家風としていた、関東三長者の一つである増渕家の繁栄にあやかろうと、世間が倣ったことから始まったと言います。増渕家では、晦日そばを食べる時「世の中にめでたきものは蕎麦の種　花咲き実りみかどおさまる」と唱えていたそうです。

大晦日の晩の食事は「年取膳」といいます

> **コラム**
>
> 【百八煩悩の内訳】　除夜の鐘は人間の百八の煩悩を現しているとされます。煩悩は対象と接する時に生じる心理感情です。釈迦はこれらすべてに打ち勝って悟りを得たと言われます。百八煩悩は次のように数えます。①「六根」目耳鼻舌体意＝「六塵」色声香味触法×②「三不同（受け取り方）」好平悪×③「三不同の結果、程度が二通りある」染（感化）と浄（除去）④「これらが三世にわたる」過去現在未来。①×②×③×④は六×三×二×三＝百八となります。

67 行事と昔話

今は昔　昔は今

> 昔話の「鼠経（ねずみきょう）」は「オンチョロ　オンチョロ」と唱えることによって、図らずも泥棒を退散させてしまう話です。「天人女房」で妻を訪ねて天界に昇った男は、天界の瓜を切ったため、瓜から水が溢れ出て、川の両岸に妻と別れ別れになってしまいました。「笠地蔵」では、大晦日に薪を売りに出た爺が、雪に濡れた地蔵のために、薪を売った金で笠を買い、幸運を授かりました。昔話には世界をくるりと転換させてしまう動物や物や日にちが語られているようです。

起源・いわれ

　日本には驚くほどたくさんの昔話があります。それらの多くは、大人から子どもたちに語られ聞かせられて伝わってきました。大人は、季節や日にち、そしてときに合わせて話を選びました。

　大人たちは忙しく、そうそういつも、子どもたちの相手をしてやれないという理由もありました。もっと大きな理由は、昔話は本来、特別の日にやって来る神様をもてなすために、夜になるのを待って語られるものだったからです。

　特別の日には、身近に出没する動物の話や、鬼や山姥（やまんば）に追いかけられた話、大晦日の夜の不思議な出来事、特別の景物・自然現象にまつわる話がされてきました。それらは子どもたちの目を見開かすほどに面白く、十分理解できる程度に簡潔でした。その日にしてはいけないこと、しなくてはならないことが深く印象付けられました。

　こうした経験を通して子どもたちは、暮らしの仕来たりや知恵を身に付けていったのです。

剪紙（せんし）・ねずみの嫁入り

習わし・風俗

◆鼠の昔話

　正月には鼠の昔話が好まれました。鼠は現実には害敵であるにも拘わらず畏敬されてきました。富の象徴である大黒天の使者だとも言われています。神話では、地底の国で窮地に陥った神を救い出す知恵者として登場しています。一方で「昼昔を語る（昼間から昔話をする）と鼠が笑う」と言って、昔話の管理者のように見なされてきました。

◆年取り話

　大晦日には年神を迎える夜としてさまざまな行事がありました。昔話を語り、聞くこともその一つでした。大晦日の昔話を「年取り話」と言ってきました。その夜の話に一番ふさわしいのは、「大歳の火」「大歳の客」「笠地蔵」等の大晦日にまつわるものでした。

　どの話も勤勉、正直に生活を送り、しきたりを守ることから幸運にめぐまれます。昔話が年中行事を守っていく働きもしてきたのでした。

傘地蔵

> **コラム**
>
> 【大判小判の使い道】　昔話の世界に見る限り、鼠は大変な金持ちでした。さてそれでは彼らは一体何にそれを使ったのでしょうか。口承文芸研究者の野村純一氏は、長年これを追跡しました。ヒントは中国にありました。中国で盛んな剪紙芸術は、新年を迎えるに際していろいろな「鼠の嫁入り」を描くのだそうです。鼠たちは娘の嫁入り仕度のために日々蓄財に励んでいたわけです。

索引

【あ】

葵祭（あおいまつり） 66

イースター 46

亥の子（いのこ） 116

艮と乾（うしとらといぬい） 32

卯月八日と灌仏会（うづきようかとかんぶつえ） 52

エイプリルフール 48

大晦日（おおみそか） 138

お彼岸 42

お盆 88

【か】

鏡開き（かがみびらき） 18

神楽月（かぐらづき） 130

神無月（かみなづき） 114

歌留多（かるた） 14

冠婚葬祭 126

神田祭（かんだまつり） 68

祇園祭（ぎおんまつり） 92

旧暦と新暦 20

行事と昔話 140

勤労感謝の日 128

鞍馬の竹伐（くらまのたけきり） 78

クリスマス 136

敬老の日 106

建国記念の日 30

原爆の日 94

氷の朔日（ついたち） 76

小正月（こしょうがつ） 22

事八日（ことようか） 132

更衣（ころもがえ） 74

【さ】

三社祭（さんじゃまつり） 70

地蔵盆（じぞうぼん） 100

七五三 124

終戦記念日 98

正月 8

節分 26

曽我の傘焼（そがのかさやき） 72

【た】

當麻寺練供養（たいまでらねりくよう） 64

田植えと女性と菖蒲 62

七夕 82

七夕の雨、七夕の水 84

端午の節句（たんご） 60

重陽（ちょうよう） 102

月見 108

冬至 134

東大寺お水取り（みずとり） 38

土用の丑（うし） 86

西の市（とりのいち） 120

142

【な】

　長崎、唐津おくんち　*112*

　夏越（の祓）　*80*

　七草　*16*

　二十四節気と雑節　*24*

　涅槃会　*40*

　ねぶた、竿灯　*96*

　後の月　*110*

【は】

　八十八夜　*58*

　初午　*28*

　初詣・年賀状の歴史　*12*

　初夢・書き初め　*10*

　鎮花祭　*50*

　花見　*44*

　母の日・父の日　*56*

　バレンタイン・デー　*34*

　ハロウィーン　*118*

　日吉山王祭　*54*

　雛祭り　*36*

　文化の日　*122*

　放生会　*104*

　盆踊りと送り盆　*90*

4 ◆ 索引

143

【執筆者紹介】

＜編著者＞

長沢ヒロ子（ながさわ・ひろこ）
　元・國學院大學日本文化研究所研究員
　目白大学人間学部子ども学科非常勤講師

＜執筆者＞

大沢　裕（おおさわ・ひろし）
　松蔭大学コミュニケーション文化学部教授
　担当執筆項目：㉕ ㊹ ㊻ ㊿ 56 58

装丁（カバーデザイン）・イラスト：本田いく

これだけは知っておきたい
年中行事の常識 67
起源・いわれ、習わし・風俗

2018年11月20日　初版第1刷発行

編著者　長沢ヒロ子
発行者　菊池公男

発行所　株式会社 一藝社
　　　　〒160-0014　東京都新宿区内藤町1-6
　　　　Tel. 03-5312-8890　Fax. 03-5312-8895
　　　　E-mail : info@ichigeisha.co.jp
　　　　http://www.ichigeisha.co.jp
　　　　振替　東京00180-5-350802
印刷・製本　シナノ書籍印刷株式会社

Ⓒ Hiroko Nagasawa 2018 Printed in Japan
ISBN 978-4-86359-183-7 C0030
乱丁・落丁本はお取り替えいたします。

これだけは身につけたい
保育者の常識67

編者　谷田貝公昭・上野通子

「エプロンのひもが結べない!?」現場の保育者を見ていると、これまで保育者の常識と思っていたことが、常識でなくなってきている。

Step1　身だしなみ／ Step2　マナー／
Step3　生活技術／ Step4　保育者の基本／
Step5　豊かな人になるために

（Ａ５判、144頁、定価1400円＋税）

新人保育者・保育者をめざす人の本。

全国の幼稚園・保育所の園長先生への「アンケート」をもとに、「これだけは身につけてほしい」保育者の常識を、イラストを交えてやさしく解説。

これだけは身につけたい
小学校教員の常識67

編者　村越　晃

児童期の子どもたちは、先生をよく見ています。そして先生をモデルに成長していきます。それだけに教師に求められる「常識」は多岐にわたっています。

Step1　マナー／ Step2　教養／ Step3　専門性／
Step4　学校で／ Step5　子どもと／
Step6　保護者・地域と

（Ａ５判、144頁、定価1400円＋税）

教師をめざす人から、現役の教師まで。

全国の現役・OBの校長、教頭、指導主事、教員、事務職員、そして保護者等へのアンケートを基に、図解・イラストを多用して分かりやすく編集。